AF591677

DÉCOUVERTE

D'UN

SQUELETTE HUMAIN

DE

L'ÉPOQUE PALÉOLITHIQUE

DANS LES CAVERNES DES BAOUSSÉ-ROUSSÉ

DITES

GROTTES DE MENTON

PAR

EMILE RIVIÈRE

OFFICIER D'ACADÉMIE
MEMBRE CORRESPONDANT DE PLUSIEURS SOCIÉTÉS SAVANTES
ET DE L'ACADÉMIE DES SCIENCES NATURELLES DE PHILADELPHIE

AVEC DEUX PHOTOGRAPHIES PAR MM. ANFOSSI ET RADIGUET

DEUXIÈME ÉDITION

PARIS

J.-B. BAILLIÈRE ET FILS

RUE HAUTEFEUILLE, 19, PRÈS LE BOULEVARD SAINT-GERMAIN

MENTON

CHEZ L'AUTEUR

1873

DÉCOUVERTE

D'UN

SQUELETTE HUMAIN

DE

L'ÉPOQUE PALÉOLITHIQUE

DANS LES CAVERNES DES BAOUSSÉ-ROUSSÉ

DITES

GROTTES DE MENTON

PAR

ÉMILE RIVIÈRE

OFFICIER D'ACADÉMIE
MEMBRE CORRESPONDANT DE PLUSIEURS SOCIÉTÉS SAVANTES

AVEC DEUX PHOTOGRAPHIES PAR MM. ANFOSSI ET RADIGUET

DEUXIÈME ÉDITION

PARIS
J.-B. BAILLIÈRE ET FILS
RUE HAUTEFEUILLE, 19, PRÈS LE BOULEVARD SAINT-GERMAIN

MENTON
CHEZ L'AUTEUR

1873

Lj 9
4111

Droits de propriété et de traduction réservés.

INTRODUCTION

La découverte, dans les cavernes des *Baoussé-Roussé*, dites *grottes de Menton*, du squelette humain préhistorique que j'ai trouvé pendant les recherches auxquelles je me livrais, en vertu de la Mission scientifique que M. le Ministre de l'Instruction publique avait daigné me confier par arrêté du 22 juillet 1871, m'engage à publier dès maintenant le résultat de ces premières études.

Ce mémoire, inséré déjà, sauf de nombreuses et importantes additions dans les Archives des Missions scientifiques, publiées par les soins du Ministère de l'Instruction publique, n'est que la première partie d'un travail que j'espère pouvoir continuer et terminer avec le temps et sous les auspices du gouvernement. Il comprend un résumé des recherches faites par les divers explorateurs qui m'ont précédé dans les cavernes de Menton, soit qu'elles aient été relatées dans certains ouvrages, soit qu'il m'ait été permis d'en étudier les résultats dans des collections privées ou publiques ; il comprend aussi la description du *Sque-*

lette humain, les circonstances dans lesquelles il a été découvert le 26 mars de cette année, et l'étude des diverses espèces animales, trouvées jusqu'à cette époque, qui constituent la faune des cavernes des Baoussé-Roussé.

C'est avec intention que je réserve ici la question de la race à laquelle appartenait cet homme, quelques indices de nouveaux squelettes, plus ou moins entiers, plus ou moins bien conservés, je l'ignore encore, m'étant donnés depuis peu dans les mêmes gisements.

Quant à l'époque à laquelle il vivait (époque géologique qui ne saurait s'évaluer en années), je crois plus rationnel et plus logique de l'établir, non pas seulement d'après la forme et la taille des instruments en silex, qui varient ici considérablement, mais encore d'après les caractères ostéologiques du squelette et surtout d'après la contemporanéité de l'homme et des divers animaux dont j'ai recueilli les débris dans son voisinage le plus immédiat, c'est-à-dire d'après la faune au milieu de laquelle il se trouvait [1].

Je prie respectueusement M. Jules Simon, Ministre de l'Instruction publique, d'agréer ici l'hommage de ma profonde reconnaissance pour les encouragements si bienveillants qu'il m'a donnés, encouragements auxquels je dois d'avoir pu apporter quelques documents nouveaux à l'étude si intéressante de l'antiquité de l'homme.

Je prie aussi MM. Chevreul, de Quatrefages, Paul Gervais, Deshayes, Albert Gaudry, professeurs au Muséum d'Histoire naturelle de Paris et Membres de l'Institut, ainsi que M. le DrSéné-

(1) J'ai trouvé à la fois, dans les mêmes foyers et au même niveau, des silex, taillés sur une seule face qui caractérisent, d'après M. G. de Mortillet, l'époque du *Moustiers*, d'autres « *retaillés sur les deux faces et aux deux extrémités* » remontant, d'après le même auteur, à l'époque de *Solutré*, d'autres encore présentant les types de la *Madelaine* et de *Laugerie-Basse*.

chal, et M. Gérardin, agrégé de l'Université, de vouloir bien agréer mes sentiments de respectueuse gratitude pour le concours bienveillant qu'ils m'ont prêté pendant les études auxquelles je me suis livré pour ce travail.

Je ne saurais non plus oublier ici M. le Dr Gent et M. Eugène Clavey, dont l'aide affectueuse m'a été des plus utiles pendant le dégagement du squelette dans sa caverne, ainsi que M. Stahl, l'habile mouleur du Muséum, pour ses travaux de consolidation auxquels je dois la conservation du squelette de l'homme des Baoussé-Roussé, aujourd'hui placé dans les galeries d'anthropologie du Muséum d'Histoire naturelle de Paris.

Émile Rivière.

Menton, 20 ~~janvier~~ décembre 1872.

I

Les cavernes des Baousse-Rousse, ou Balze-Rosse, ou des Roches-Rouges, en Italie, plus généralement connues sous le nom de Grottes de Menton [1], ont été explorées maintes fois et par un grand nombre de savants.

D'après un mémoire de M. Ernest Chantre, intitulé *Etudes Paléo-ethnologiques* et publié dans les *Annales de la Société des Sciences Industrielles de Lyon* [2], ce fut M. Antonio Grand, de Lyon, qui, le premier, en 1845, étudia les cavernes de Menton : « Il y recueillit « une quantité considérable de silex taillés, plusieurs morceaux de san-« guine et de sulfure d'antimoine, qu'il considère comme ayant dû « servir aux habitants de ces cavernes pour se tatouer le corps. A « l'appui de cette idée, il a trouvé, et j'ai recueilli moi-même, ajoute « M. E. Chantre, des pointerolles en agate assez effilées pour servir à « cette opération. »

Fournet, dans son ouvrage sur l'*Influence du Mineur sur la Civilisation* [3], dit, en parlant des ateliers de fabrication des silex établis

(1) Du nom de la ville dans le voisinage de laquelle elles sont situées, bien qu'elles appartiennent, en réalité, au territoire de la commune de Ventimiglia.

(2) Lyon — 1867, p. 138-139.

(3) *Fournet.* — Du Mineur, son rôle et son influence sur les progrès de la civilisation, d'après les données actuelles de l'archéologie et de la géologie. Lyon-1862.

dans certaines stations ou grottes, « que, depuis longtemps, les cavernes « de Menton étaient connues des habitants du pays, à cause de leurs « amoncellements de débris, dont déjà, avant 1848, le prince de Monaco, « Florestan Ier, avait fait expédier à Paris une caisse pleine. Son contenu « ne fut l'objet d'aucune explication[1]. » Passant ensuite aux fouilles faites par M. Antonio Grand, il en analyse ainsi les résultats : « Tous « les instruments sont rudimentaires, grossiers, et remontent, par con- « séquent, au début de l'art. Cependant, parmi les silex se trouvaient « quelques agates qui, à mon avis, dit-il, proviennent très-certaine- « ment des environs de Fréjus[2], et avec elles se rencontrent des « quartz hyalins en prismes, terminés par deux pyramides ordinaires. « Il est permis d'imaginer que ces cristaux, du genre des diamants de « Meylan, près de Grenoble, n'étaient pas là au hasard, et que leurs « pointes dures devaient servir à effectuer des perforations, en les em- « ployant emmanchées en guise de pointes de forets. »

Mais il n'est parlé pour la première fois des grottes de Menton que par M. F. Forel, de Morges, en Suisse, dans une lettre en date du 27 février 1858, adressée à M. le professeur Girolamo Rossi, puis peu de temps après dans l'intéressante notice qu'il publia sur ses recherches dans lesdites cavernes[3]. « Lorsque je pénétrai pour la première « fois dans les grottes, dit le savant président de la Société d'Histoire « de la Suisse romande, je fus frappé par la présence de quelques éclats « de silex, qui me firent aussitôt soupçonner l'existence d'instruments « de l'âge de la pierre. Mon attente ne fut pas trompée, car en « remuant le sol, j'y découvris un grand nombre de silex évidemment « façonnés par la main des hommes. J'y trouvai en même temps une

(1) Aucune trace de cet envoi n'existe, m'a-t-il été affirmé, au Museum d'Histoire naturelle de Paris.

(2) Ces agates pourraient provenir de la colline de Grane, à quatre kilomètres nord de Fréjus, qui est composée d'une amygdaloïde dont les cavités contiennent, d'après M. de Beaumont, des agates de diverses variétés de couleurs, des chrysoprases, des saphyrines, des onyx, des sardoines, des cornalines, ainsi que des cristaux d'améthyste et de divers autres métaux cristallisés. (Dr *Th. de Valcourt*, Cannes et son Climat, p. 55-56.)

(3) *F. Forel.* — Notice sur les Instruments en silex et les ossements trouvés en 1858 dans les grottes de Menton. — *Menton*, 1860.

« grande quantité d'ossements brisés, de dents d'animaux, de coquil-« lages, de débris de crustacés et de morceaux de charbon qui me paru-« rent y avoir été déposés à la même époque. J'étais, à n'en pouvoir « douter, dans une des demeures occupées jadis par les premiers habi-« tants de la Ligurie. »

Mais la faune trouvée par M. F. Forel est encore peu nombreuse, et ne comprend, sauf le *Bos primigenius*, que des espèces encore actuellement vivantes.

Ce sont :

1° Parmi les carnassiers, le Loup, *Canis lupus*; le Renard, *Canis vulpes*; le Chat sauvage, *Felis catus*;

2° Parmi les pachydermes, le Cheval, *Equus caballus*, reconnu seulement par deux dents molaires; le Sanglier, *Sus scrofa*;

3° Parmi les rongeurs, le Lapin, *Lepus cuniculus*;

4° Parmi les ruminants, un Bœuf, le *Bos primigenius*; le Cerf commun, *Cervus elaphus*; le Chevreuil, *Cervus capreolus*; un ruminant analogue à l'*Antilope* (1); et un autre animal appartenant, dit-il, au « genre Mouton, *Ovis*, signalé par la présence d'un grand nombre de « molaires et de fragments de mâchoires d'une grande dimension. »

Cet *Ovis* a été considéré par le professeur Rütimeyer, de Bâle, comme présentant de grandes analogies avec le Mouflon, *Ovis musimon*; mais il a été parfaitement déterminé, au Muséum d'Histoire naturelle de Paris, comme n'étant autre qu'un grand caprin, une Chèvre de grande taille, la *Capra* que M. le professeur Paul Gervais a désignée sous le nom de *Capra primigenia* (2). Elle avait été déjà indiquée dans les cavernes de Bize en 1839 par Marcel de Serres (3) sous le nom d'Œgagre ou *Capra ægagrus*, et figurée dans son mémoire sur les cavernes de l'Aude (planche IV, fig. 6 et 7). Elle a été également trouvée dans la caverne à ossements de Laroque, aux environs de Ganges (Hérault),

(1) Ce pourrait être l'*Antilope rupicapra* ou *Chamois*, que j'ai également trouvé dans la quatrième caverne, ainsi que j'en parlerai plus loin.

(2) *Paul Gervais*. — Zoologie et Paléontologie générales. Paris, 1867-1869, p. 51-52.

(3) *Marcel de Serres*. — Notice sur les cavernes à ossements du département de l'Aude. Montpellier 1839, p. 88-89.

2

par M. Boutin[1], et par M. le professeur Paul Gervais quelque temps après[2]. « Assurer que c'est bien l'égagre, » dit M. Gervais, « serait aller « au-delà de ce que l'observation autorise encore, mais il est très-évi- « dent que ces quelques débris osseux, mutilés par les anciens habitants « de notre pays, indiquent un animal plus rapproché des Chèvres que des « Moutons, quoique plus grand et plus trapu. On pourrait s'en faire une « idée en supposant une Chèvre qui dépasserait en dimensions nos Chèvres « actuelles, à peu près comme le Bœuf primitif dépassait nos Bœufs « domestiques. Pour ne rien préjuger au sujet de ses rapports avec « l'Œgagre des montagnes de la Perse ou avec l'ancien Bouquetin des « Cévennes et du reste de la France, je l'ai provisoirement nommée « *Capra primigenia*. »

Après ces quelques détails, qu'il m'a paru nécessaire de donner au sujet des débris osseux et dentaires d'un animal considéré tour à tour comme l'*Œgagre*, comme le *Mouton*, comme le *Bouquetin* et comme la *Chèvre primitive*, et au sujet duquel M. F. Forel, attachant une grande importance à sa détermination, m'avait fait l'honneur de m'écrire l'an dernier, je continue l'énumération des divers animaux indiqués dans son mémoire sur les grottes de Menton.

M. Forel signale également un animal de l'ordre des cétacés, peut-être un *Cachalot*, dont il a recueilli un fragment de vertèbre très-incomplet, « fragment, dit-il, qui doit avoir été apporté par les hommes, « car on ne trouve rien qui indique que la mer ait pénétré dans les « grottes à l'époque où les débris y ont été déposés. »

Quant au mollusques recueillis par ce savant, ils sont nombreux, mais se réduisent aux six espèces suivantes, lesquelles sont encore actuellement vivantes dans la Méditerranée : *Dentalium elephantinum* ou Dentale ; *Patella punctata* ou Patelle ; *Pecten jacobæus* ou Peigne ; *Pectunculus glycimeris* ou Pétoncle ; une espèce de *Monodonte* et des *Moules*.

(1) *Boutin*. — Notice sur les grottes des environs de Ganges (Hérault), in-8°, Montpellier, 1865, et Comptes-Rendus de l'Académie des Sciences. T. 58, p. 56, année 1864.

(2) *P. Gervais*. — Comptes-rendus de l'Académie des Sciences. T. 58, p. 235-236, année 1864.

Enfin, il ajoute qu'il n'a pas trouvé « de vestiges de l'Ours, de « l'Hyène des cavernes, et des autres grands animaux qui caractérisent « la faune de l'époque précédente. Cela peut tenir à ce que les grottes « de Menton étaient trop éclairées, pour avoir servi de retraite à des « animaux qui recherchaient l'obscurité, et qui auraient trouvé dans « le voisinage des tanières mieux appropriées à leurs habitudes. Il est « possible aussi que les vestiges des animaux qui ont précédé le séjour « de l'homme aient été enlevés, ou qu'ils se trouvent ensevelis dans « le sol des cavernes à une profondeur à laquelle nos fouilles ne sont « point parvenues [1]. » Cette dernière hypothèse était la vraie, et ce n'est qu'à un niveau inférieur à celui auquel s'étaient arrêtés les savants qui m'ont précédé dans l'étude des cavernes des Baoussé-Roussé, que j'ai trouvé les restes des grands animaux tels que : l'*Ursus spelæus*, le *Felis spelæa*, l'*Hyæna spelæa*, et le *Rhinoceros tichorhinus*; cette dernière espèce persista jusqu'aux premiers temps de l'époque glaciaire, et ne s'éteignit qu'après l'établissement de l'homme dans l'Europe centrale [2].

Après M. F. Forel survient M. Gény, savant naturaliste de Nice; il recueille également, pendant les fouilles auxquelles il se livre, un grand nombre de silex taillés ou à l'état d'éclats, des coquilles de mollusques marins et terrestres non perforées par la main de l'homme, ainsi que des ossements et des dents appartenant soit à des animaux tels que le *Cervus elaphus*, le *Cervus capreolus*, la *Capra primigenia*, le *Sus scrofa*; soit à des animaux de l'ordre des *Rongeurs*.

Puis M. le docteur Pérès explore à son tour et concurremment avec M. Gény les grottes de Menton, et « non moins heureux que ses pré- « décesseurs, collectionne une belle série d'armes et d'outils en pierre, « de formes très-variées, ainsi que plusieurs objets en terre cuite et en « os [3]. Le tout était aggloméré par un ciment rougeâtre avec des os

(1) *F. Forel.* — Loc. cit.

(2) *P. Gervais.* — Zool. et Pal. franç., p. 99.

(3) *A. Issel.* — Résumé des recherches concernant l'ancienneté de l'homme en Ligurie, extrait des comptes-rendus du Congrès d'anthropologie et d'archéologie préhistoriques de Paris, en 1867, p. 7.

« d'herbivores, des hures de sanglier, des coquilles terrestres et marines « et avec une énorme quantité d'éclats de silex et de jaspe. » Quelques-uns de ces objets ont été déposés dans la collection paléoethnologique du musée de l'Université de Gênes où j'ai pu les étudier grâce à l'obligeance de MM. les professeurs Arthur Issel et Trinchese, à mon retour du Congrès international d'anthropologie et d'archéologie préhistoriques de Bologne. — Ils indiquent, pour les grottes de Menton, deux époques, non plus seulement l'époque paléolithique ou celle de la pierre taillée, mais encore un âge plus récent, l'âge de la pierre polie ou époque néolithique.

Malheureusement, les indications concernant la grotte et le niveau où ils ont été trouvés font complétement défaut. En tous cas, ces derniers objets ne pourraient avoir été trouvés qu'à la partie supérieure. Je citerai parmi eux quatre haches entières en diorite et en serpentine, une hache à demi-brisée en serpentine également; deux pierres à aiguiser, *pietra per affilare*; une pierre de fronde, *pietra da fronda*, [1] une fusaïole, *Fusaruola*, semblable à celles des habitations lacustres de la Suisse; un disque non percé d'un trou, et deux pesons de filets; ces quatre dernières pièces sont en terre cuite. Avant les fouilles du docteur Pérès, la présence de l'homme, à l'époque de la pierre polie, dans les grottes des Baoussé-Roussé, n'avait pas été signalée. J'ai également trouvé à la surface de la quatrième caverne, c'est-à-dire au niveau auquel j'ai commencé mes fouilles, un fragment de disque perforé en terre cuite [2].

Parmi les objets caractérisant l'âge de la pierre taillée qui compo-

(1) Trois nummulites sont aussi indiquées comme ayant pu servir de pierres de fronde.

(2) Mais si j'en crois la lettre suivante que vient de m'adresser à ce sujet M. Géry, ces haches auraient été indiquées par erreur dans les collections du Musée de Gênes comme provenant des Grottes de Menton. Il en résulterait que ces cavernes n'auraient pas été occupées à l'époque de la pierre polie, mais seulement à l'époque paléolithique. « Je puis vous l'assurer, dit l'auteur de la lettre, et pour éviter toute équi- « voque à ce sujet, je vous donne en toute exactitude la provenance de ces instruments. C'est bien du « centre du plateau du Château de Nice, à 80 mètres au-dessus du niveau de la mer et à 3 mètres envi- « ron sous le niveau du sol actuel du plateau qu'elles ont été relevées au nombre de trois, de nature ser- « pentineuse (chloro-mélanite), vert noirâtre ou vert brunâtre, très-compactes et de bonne conservation, à « l'exception d'une dont le tranchant manquait à un demi-centimètre environ de la partie supérieure. « C'est, à ce que je crois, en 1857 ou 1858 que je les ai relevées et remises à M. Pérès. » — *Lettre Géry, 6 décembre 1872*.

sent la collection Pérès, je citerai une vingtaine de pointes de flèches plus ou moins bien taillées, des couteaux, des grattoirs en silex, puis une aiguille en os, entière, parfaitement conservée, ayant encore son chas, et fabriquée, dit l'inscription qui l'accompagne, dans un tibia de ruminant.

M. Bonfils, syndic des marins de Menton, recueillit aussi, pendant plusieurs années, un grand nombre d'ossements d'animaux et de silex taillés, dans ces cavernes ; de plus, il a étudié la fabrication et l'emmanchement des instruments en silex et a publié tout dernièrement une notice sur ce sujet. (1)

Pendant l'hiver de 1862 d'abord, puis dans ces dernières années aussi, M. Moggridge, naturaliste anglais, a pratiqué des fouilles principalement dans la troisième caverne, et y a trouvé, au milieu d'une grande quantité d'ossements d'animaux, des instruments en silex dont quelques-uns étaient dans un parfait état de conservation. (2)

Mais toutes ces fouilles, bien qu'elles aient été sérieusement et consciencieusement faites, n'avaient atteint qu'une profondeur relativement très-faible ; et au-dessous de la couche à laquelle elles étaient parvenues, l'un des explorateurs qui m'ont précédé, M. F. Ford, déclare n'avoir découvert aucun objet qui mérite d'être signalé. L'étude de ces cavernes n'aurait donc jamais dépassé probablement les recherches faites par les savants dont j'ai cité les noms, et auxquels il convient d'ajouter aussi M. le docteur Broca et M. le comte Costa de Beauregard, si le chemin de fer de Gênes à Menton n'avait, en passant au-devant et au pied même de quelques-unes de ces grottes, nécessité une tranchée considérable de huit à dix mètres de profondeur pour l'établissement de la voie ferrée.

Cette tranchée, dont j'ai pu suivre les travaux dès le début, de

(1) *S. Bonfils et Smyers.* — Recherches sur les outils en silex des Troglodytes, et sur la manière dont ils les fabriquaient. — Nice 1872.

(2) *Docteur Henry Bennet.* — Winter and spring on the shores of the Mediterranean. London 1870. — page 51.

concert avec quelques-uns des naturalistes cités plus haut, chacun de nous s'efforçant de recueillir le plus grand nombre des objets mis à découvert, a révélé par la coupe du plateau qui s'étendait de ces cavernes au bord de la mer, les nouveaux gisements si riches en matériaux utiles à l'étude des peuplades, qui, les premières, ont vécu sur les côtes de la Ligurie.

II

Les cavernes des Baoussé-Roussé, auxquelles on parvenait autrefois en suivant, à partir du ravin de Saint-Louis, l'ancienne voie *Aurelia*, sont situées en Italie dans la province de Porto-Maurizio, sur le territoire de la commune de Ventimiglia, le long de la Méditerranée, à 27 mètres environ au-dessus du niveau de la mer. Celles connues jusqu'à présent sont au nombre de neuf, deux nouvelles grottes ayant été découvertes pendant le cours de ma mission scientifique. Celles d'entre elles qui portent les numéros d'ordre 2, 6 et 8 sont bien plus des abris sous roche que des cavernes. Celle marquée du n° 9 n'est pas une grotte à ossements et à silex taillés, c'est-à-dire dans laquelle l'homme aurait vécu ou se serait réfugié, mais seulement une grotte à ossements d'animaux de l'époque quaternaire.

La première, n° 1, est située à 350 mètres du ravin de Saint-Louis, qui sépare la France de l'Italie; la dernière, ou neuvième, à 800 mètres; elles s'étendent toutes ainsi sur un espace de 450 mètres environ. Elles sont presque toutes situées sur le même plan; seules, la cinquième et la sixième sont plus rapprochées du rivage.

Failles larges et naturelles de la montagne connue sous le nom de *montagne des Roches Rouges*, laquelle est traversée au-dessus des grottes par la route de la Corniche italienne, elles sont creusées dans un calcaire compacte, par places très-fortement coloré en rouge, que MM. Elie de Beaumont et Dufrénoy, dans la *Carte géologique de France*, ont rapporté à la craie inférieure [1]. Elles n'ont aucune communication entre elles.

Un plateau, couvert d'euphorbes et formé par un conglomérat de cailloux roulés, de fragments de roches brisées et de terre rougeâtre provenant des éboulements supérieurs de la montagne et cimentés par un dépôt calcaire des eaux d'infiltration, s'étendait par une pente prononcée, avant les travaux du chemin de fer d'Italie, de ces cavernes au bord de la mer. Ce plateau, d'une largeur variant selon les endroits de 15 à 35 mètres, est traversé dans toute son étendue par un sentier assez étroit correspondant à l'ancienne voie romaine, indiquée à tort par certains historiens sous le nom de *via Julia Augusta*. Il ne reste plus actuellement que quelques rares vestiges de cette voie [2].

La tranchée qui coupe ledit plateau forme, au-devant des quatre premières cavernes, un talus de 8 à 10 mètres de hauteur.

Dans ce talus, on remarque à cinq mètres environ au-dessous du niveau de la troisième caverne une brèche osseuse, obliquement dirigée de haut en bas et de l'Ouest à l'Est, et d'une épaisseur variant de quarante à cinquante centimètres. Cette brèche, très-dure et très-fortement colorée en rouge, est formée par un amas de pierres brisées, d'ossements plus ou moins entiers, incinérés ou non, de dents d'animaux, de silex brisés et de traces de charbon indiquant un ancien foyer de la troisième caverne s'étendant sur le plateau qui la précédait. — Du reste, l'homme devait vivre autant au milieu des rochers baignés par la Mé-

(1) *F. Forel.* — Loc. cit.

(2) Le comte de Cessole, dans sa Notice sur la Turbie, monument des trophées d'Auguste, publiée à Nice en 1843, et après lui M. F. Forel, dans son travail sur les Grottes de Menton, donnent par erreur le nom de *Via Julia Augusta* à cette voie dont la véritable appellation est *Via Aurelia* ; « ainsi appelée du « nom de Lucius Aurelius Cotta, qui fut consul avec Servius Sulpitius Galba, l'an 600 de Rome. » — Voir la *Table de Peutinger* ; voir *M. A. Carlone*. Vestiges épigraphiques de la domination grecco-massaliote et de la domination romaine dans les Alpes-Maritimes, p. 18 et 19. — Caen 1868.

diterranée et situés au pied de ses cavernes, que dans celles-ci qui lui servaient d'abri pour la nuit et de refuge contre ses ennemis, contre les bêtes féroces et contre les intempéries du climat sous lequel il vivait. De là la formation d'un plateau dont l'exhaussement progressif était en raison des éboulements de la partie supérieure de la montagne, et des détritus de la vie de chaque jour, ces derniers constituant de véritables foyers analogues aux foyers des cavernes.

Des fouilles profondes ayant été pratiquées pour la construction d'un viaduc du chemin de fer au-devant de la septième caverne, j'ai trouvé, à 14 mètres au-dessous du sol, et au milieu de blocs éboulés, dans une terre d'un brun rougeâtre, deux dents molaires appartenant au *Rhinoceros tichorhinus*, ainsi que quelques ossements de *Cerf* brisés par la main de l'homme. A quelques centimètres au-dessous était un banc coquillier d'une épaisseur qu'il ne m'a pas été possible d'évaluer, les fouilles s'étant arrêtées là.

III

Neuvième Caverne. — La neuvième caverne n'est précédée d'aucun plateau, mais est coupée à pic par le chemin de fer. J'ai dû la faire creuser dès qu'elle a été découverte, les dangers d'éboulements qu'elle présentait nécessitant qu'elle fût promptement murée. Ses dimensions étaient de 2 mètres de largeur à l'entrée sur 2 mètres 50 de profondeur. Elle était située à 9 mètres environ au-dessus de la voie ferrée. Sa voûte était formée par des blocs juxtaposés. Point de stalactites aux parois, point de stalagmites à la surface du sol ; celui-ci est constitué par une sorte de terre sablonneuse d'un gris blanchâtre, au milieu de laquelle on trouve quelques rares cailloux roulés et peu ou point de fragments de roches brisées. On n'y rencontre la trace d'aucun foyer, point de cendres, point de charbon.

Je n'ai pas pu faire fouiller cette caverne sur une épaisseur de plus d'un mètre environ, un accident dont je faillis être victime m'ayant malheureusement forcé à y discontinuer mes recherches au bout de peu de temps. En effet, je venais à peine de quitter cette grotte, que les ouvriers commençaient à murer par ordre des ingénieurs italiens, lorsqu'un bloc de rocher, du volume d'au moins 2 mètres cubes, s'en détachant, tombait sur la voie ferrée, brisait les échafaudages dressés contre la muraille pour parvenir dans la grotte, blessait très-grièvement dans sa chute un des ouvriers du chemin de fer, mettant ses jours en danger, tandis que je recevais aussi quelques contusions.

Cette caverne ne présente aucune trace du passage de l'homme et ne contient aucun instrument en os, aucun silex taillé. Les ossements que j'y ai recueillis sont extrêmement fragiles; ils offrent une teinte d'un gris blanchâtre; la plupart sont brisés, soit naturellement dans le sol, soit accidentellement et par l'extraction. Quelques-uns portent l'empreinte de dents qui les auraient rongés ou mordus; ce sont ceux de petits ruminants. Les dents sont généralement entières; quelques-unes sont des dents de lait et appartiennent soit au Sanglier, *Sus scrofa*, soit à quelques animaux du genre Cerf, *Cervus*; j'ai trouvé aussi quelques coprolithes de l'hyène des cavernes, *Hyæna spelæa*.

D'après les échantillons que j'y ai recueillis, il est vivement à regretter, au point de vue de l'étude comparative de cette caverne avec celles habitées par l'homme, que le peu de solidité des parois de cette grotte, aujourd'hui, fermée ne m'ait pas permis d'y continuer mes recherches.

La faune de cette caverne se compose des animaux suivants, déterminés avec le bienveillant concours de M. le docteur Sénéchal, conservateur des galeries du Muséum d'histoire naturelle de Paris :

A. — MAMMIFÈRES

1° Carnassiers

Ursus spelæus, Ours des cavernes; espèce éteinte.

Ursus arctos, Ours commun; espèce encore actuellement vivante.

Felis spelæa, grand Chat des cavernes; espèce éteinte, se rapprochant beaucoup plus du *Felis leo* ou Lion que du Tigre.

Felis lynx, Lynx; espèce vivante, on le retrouve encore parfois aujourd'hui dans les Alpes-Maritimes; le Musée d'histoire naturelle de Cannes possède un Lynx femelle tué dernièrement dans un bois des environs de Grasse.

Hyæna spelæa, Hyène des cavernes; espèce éteinte.

Canis lupus, Loup; espèce vivante.

Canis, ce Chien plus petit que le loup n'est pas le Chien domestique.

Canis vulpes, Renard; espèce vivante; il est très-commun dans les Alpes-Maritimes.

Mustela, Belette; espèce vivante et très-commune.

2° Pachydermes

Sus scrofa, Sanglier; espèce vivante.

Aucune trace du cheval.

3° Ruminants

Bos primigenius, Bœuf primitif; espèce éteinte.

Cervus elaphus, Cerf commun; espèce vivante.

Cervus capreolus, Chevreuil; espèce vivante.

Capra primigenia, [1] Chèvre primitive; espèce éteinte.

(1) Voir pages 9 et 10.

4° Rongeurs

Arctomys primigenia, Marmotte ; un peu plus grande que la Marmotte actuelle des Alpes ; espèce éteinte.

Lepus cuniculus, Lapin ; espèce vivante.

Mus, Rat ; espèce vivante.

B. — OISEAUX

Les oiseaux dont les débris osseux ont été trouvés dans la neuvième caverne appartiennent :

1° A l'ordre des *Passereaux*, représenté par la *Pie*.

2° A l'ordre des *Gallinacés*, représenté par la *Perdrix* et le *Pigeon*.

Je n'ai trouvé dans cette caverne ni mollusque marin ni mollusque terrestre ou fluviatile.

Septième et huitième Cavernes. — La septième et la huitième caverne n'ont pas encore été étudiées jusqu'à ce jour, cette dernière, qui n'est en réalité qu'un abri sous roche, en raison de son escarpement qui en rend l'accès extrêmement difficile ; la septième, dont le sol est entièrement recouvert d'une couche stalagmitique très-épaisse, n'ayant pu être acquise par moi de son propriétaire que depuis fort peu de temps. Elles seront l'objet de recherches ultérieures.

Sixième Caverne. — La sixième caverne, située sur un plan beaucoup plus rapproché de la mer, a toutes les apparences d'un abri sous roche, bien qu'elle soit une véritable caverne, son plafond s'étant complétement éboulé ; aussi est-elle presque à ciel ouvert. Elle mesure 16 mètres de largeur [1] à l'entrée et 12 mètres de profondeur.

(1) J'avais primitivement indiqué dans mon rapport ministériel les chiffres de 9 mètres pour la largeur et de 7 mètres et demi pour la profondeur, d'après le plan des cavernes que M. Clavey avait eu l'obligeance de dresser pour moi ; mais ces chiffres doivent être rectifiés ainsi que je le fais ci-dessus.

Le sol est formé à la surface par un conglomérat rougeâtre, que la pioche entame sans trop de difficultés, d'une épaisseur de plus d'un mètre, dans lequel je n'ai trouvé que des ossements de petits rongeurs, *Rats* ou *Lapins*. Au-dessous de cette première couche commencent à apparaître au milieu d'une série de blocs de rochers qui semblent devoir être extrêmement volumineux — probablement les blocs d'éboulement du plafond de la caverne — des ossements et des dents d'animaux, appartenant à l'ordre des Ruminants, des silex en petit nombre, quelques coquilles telles que des *Patelles* et des *Mytiles* ou Moules, ainsi que plusieurs instruments en os affectant la forme de pointes ou poinçons, le tout mêlé à de la cendre, à du charbon et à des pierres brisées. Toutefois les foyers de cette caverne étaient fort peu riches en débris fossiles ou préhistoriques, du moins à la profondeur à laquelle j'étais parvenu au mois d'avril 1872, c'est-à-dire à 1 mètre 80 de profondeur au dessous du premier niveau.

Les nouvelles recherches que je poursuis depuis deux mois notamment dans cette caverne, me donnent en ce moment des résultats beaucoup plus importants. Ils m'ont permis de découvrir récemment, à part une grande quantité d'instruments en silex, quelques poinçons et plusieurs flèches en os, une canine d'*Ursus spelœus* à 2 mètres 25 de profondeur, des coprolithes d'*Hyæna spelæa* à 2 mètres 25, 2 mètres 50 et 2 mètres 75 de profondeur, un maxillaire inférieur incinéré de *Canis lupus* à 2 mètres 75; enfin quelques débris humains à 3 mètres 55 de profondeur [1].

Mais ces explorations ne sont pas assez avancées pour que je puisse entrer actuellement dans des détails plus circonstanciés. Je crois donc devoir me borner à les indiquer ici succinctement.

Cinquième Caverne. — La cinquième caverne est la plus profonde de toutes, 28 mètres; mais elle est relativement très-peu large, n'offrant à l'ouverture que 6 mètres 60, et allant en se rétrécissant rapide-

(1) C'est par des hauteurs de vingt-cinq centimètres que j'indique les divers niveaux auxquels les objets sont recueillis, mes fouilles étant pratiquées sur toute la surface du sol de la caverne depuis l'entrée jusqu'à la partie la plus reculée par couches d'un quart de mètre d'épaisseur.

ment, jusqu'à ne laisser vers la partie moyenne qu'un étroit passage de 2 mètres 50 environ, après quoi elle s'élargit brusquement, semblant ainsi former une seconde chambre. Aussi la partie la plus profonde est-elle, à l'encontre de toutes les autres cavernes, assez mal éclairée.

Je l'ai fait creuser jusqu'au mois d'avril dernier dans toute son étendue et sur une épaisseur d'un mètre environ.

Elle est dépourvue de stalactites et de stalagmites; le sol est formé par un mélange de terre noire et humide et de pierres brisées, au milieu desquelles j'ai recueilli un grand nombre de silex, soit taillés et en forme de flèches, de pointes, de lances ou de grattoirs, soit à l'état d'éclats indiquant qu'il y a eu fabrication dans l'intérieur même de la caverne. Par contre, je n'y ai trouvé que deux poinçons en os, l'un à peu près entier et dont la pointe est intacte, l'autre à l'état de fragment. Les débris dentaires et osseux, ossements pour la plupart brisés de main d'homme, sont en assez grand nombre; ils constituent des débris de cuisine analogues aux kjokkenmoddings du Danemark.

La faune de cette caverne se compose des animaux suivants :

A. — MAMMIFÈRES

1° Carnassiers : *Hyæna spelæa*, Hyène des cavernes.
Canis vulpes, Renard.

2° Pachydermes : *Equus caballus*, Cheval.

Le cheval, dont on trouve si fréquemment les ossements et les dents dans les cavernes, est-il encore actuellement vivant, ou bien l'espèce en est-elle éteinte? La ressemblance est telle entre les restes des chevaux fossiles et les restes des chevaux modernes qu'il n'est pour ainsi dire pas possible de reconnaître l'espèce à laquelle ils appartiennent. « La plu-« part des débris fossiles de chevaux de la période diluvienne, dit « Pictet dans son traité de Paléontologie, ont de si grands rapports

« avec les espèces actuelles qu'il est presque impossible de les en dis-
« tinguer [1]. »

M. Paul Gervais dit également, dans son traité de Paléontologie générale [2], que « habituellement il n'est pas possible de distinguer les « restes fossiles des chevaux de ceux des chevaux actuels, et c'est en se « fondant sur la stratigraphie plutôt que sur de véritables caractères « zoologiques que l'on a établi l'*Equus fossilis* ou *adamiticus*. »

Sus scrofa, Sanglier. C'est dans cette cinquième caverne que j'ai recueilli le plus d'ossements et de dents de sanglier; mais relativement aux ossements des ruminants, genre cerf et chèvre, le nombre en est encore très-faible.

Un autre *Sus*, reconnu par M. le professeur Albert Gaudry comme faisant partie du groupe *larvatus*; en effet, le maxillaire supérieur présente la saillie qu'on remarque sur l'échantillon placé au Muséum d'histoire naturelle de Paris et découvert, en 1869, près de Florence, au val d'Arno, par la marquise Polucci.

3° Ruminants. *Bos primigenius*, Bœuf primitif.
Cervus elaphus, Cerf commun.
Cervus capreolus, Chevreuil.
Capra primigenia, Chèvre primitive.

4° Rongeurs. *Lepus cuniculus*, Lapin.

B. — MOLLUSQUES

Parmi les mollusques je citerai : la Patella vulgata, ou *Patelle ordinaire*, le Mytilus edulis, ou *Moule*, le Pectunculus glycimeris, ou *Pétoncle*, quelques fragments de Dentale et de Pecten Jacobæus ou *Peigne*.

Quatrième Caverne. — La quatrième caverne ou Caverne du Cavillon, est de toutes la plus importante, tant par la profondeur à laquelle mes fouilles ont été portées, que par les nombreux objets que

(1) *Pictet*. — Traité de Paléontologie, T. 1er, p. 316.
(2) *P. Gervais*. — Zool. et Paléont. génér., p. 98.

j'y ai recueillis, et surtout par la découverte du squelette d'un *Homme fossile.*

Mais, avant d'en aborder l'étude, je terminerai la description des trois autres cavernes dont il me reste à parler.

Troisième Caverne. — La troisième caverne est la plus largement ouverte sur la mer; ses dimensions sont de 9m,40 de largeur à l'entrée, largeur qu'elle conserve dans presque toute son étendue, et de 17 mètres de profondeur. De plus, elle présente au fond une arrière-cavité, ou anfractuosité naturelle, profonde de 13 mètres et située à 3m,50 au-dessus du sol. Dans les recherches que j'ai faites dans cette caverne, j'ai trouvé à peu près la même faune que dans la cinquième grotte, sauf le Sus polucci et l'Hyæna spelæa que je n'y ai pas rencontrés jusqu'à présent. J'y ai également recueilli un certain nombre de silex taillés, mais aucun instrument en os.

Deuxième Caverne. — La deuxième caverne qui est de même que la huitième un abri sous roche, est large à l'ouverture de 10 mètres et profonde de 6m,10. Le sol, couvert de broussailles, est formé par le conglomérat rougeâtre du plateau.

Dans les fouilles que j'y ai fait faire dans le courant du mois de mars, fouilles qui ont cependant atteint près de 2 mètres de profondeur, je n'ai absolument trouvé qu'une dizaine de dents de cerf, le Cervus elaphus, et quelques rares éclats de silex; et pourtant aucune recherche n'avait été faite dans cette grotte avant mes travaux d'exploration.

Les nouvelles fouilles que j'y ai faites depuis lors n'ont pas eu un meilleur résultat.

Première Caverne. — La première caverne est la plus rapprochée de la frontière française; elle mesure 8m,70 de largeur à l'entrée et 14m,10 de profondeur. Elle a été creusée autrefois près de son ouverture pour y établir un four à chaux, lequel n'a jamais été depuis lors entièrement comblé; c'est donc en arrière de ce four que j'ai dû l'explorer. Je l'ai fait creuser sur une épaisseur de 1m,50 environ. J'y ai recueilli de nombreux ossements d'animaux, identiques à ceux trouvés dans la troisième et dans la cinquième caverne, ainsi que quelques andouillers de cerf.

La faune qui y prédomine est constituée par le Sus scrofa, et par les ruminants, genre Cervus et Capra. Les coquilles et les silex y sont en nombre beaucoup moins considérable que dans les autres cavernes. C'est dans cette grotte que j'ai trouvé un très-petit fragment d'encrine, lequel a pu servir d'ornement, soit qu'il ait été porté seul, soit qu'il ait fait partie d'un collier.

IV

Quatrième Caverne ou Caverne du Cavillon. — La quatrième caverne, ou *Barma dou Cavillou*[1], est ainsi nommée parce que depuis un temps immémorial on apercevait à son sommet un morceau de bois ou cheville, placé transversalement dans les anfractuosités supérieures des parois latérales de la caverne.

A l'entrée il se trouvait aussi autrefois un immense caroubier dont le feuillage cachait complétement l'ouverture. Il fut arraché au commencement du siècle pour la construction d'un four à chaux, qui fut comblé au bout de peu d'années.

Cette caverne ne présente ni stalagmites à la surface du sol, ni stalactites à la voûte ou aux parois. Son niveau avait déjà subi des modifications par suite de fouilles antérieures aux miennes, et avait été ainsi abaissé de plusieurs mètres. Elle mesure environ 7 mètres de largeur à l'entrée, 18^{m},90 de profondeur et 15 ou 16 mètres de hauteur. Elle se termine au fond par une arrière-cavité très-étroite et peu

(1) *Barma dou Cavillou* signifie en patois piémontais balme, baume, ou grotte de la petite cheville.

profonde. On ne remarque que peu d'anfractuosités dans les parois recouvertes en certains endroits, et principalement dans la partie la plus reculée, de quelques incrustations calcaires, dans lesquelles on retrouve encore à une certaine hauteur des fragments osseux et des coquilles à demi-brisées, des traces de cendres et de charbon ainsi que quelques éclats de silex.

Le sol est formé par un mélange de cendres et de terre demi-compacte, humide et noirâtre seulement sur les parties latérales et dans le fond, là où tombent goutte à goutte, suintant à travers les fissures de la roche, les eaux d'infiltration plus ou moins chargées de principes calcaires. En dehors de la caverne et à l'entrée, des pierres éboulées; plus loin et en dedans, quelques blocs détachés de la voûte ou des parois, le long desquelles ils ont glissé, gisent à des profondeurs variables.

La nature du sol, presque exclusivement formé de cendre, je le répète, et de débris de cuisine, d'un sol qui n'a jamais été remanié, et les dimensions exiguës de certains instruments en os et en silex, ont rendu ici les fouilles longues et minutieuses, et nécessité que toute la masse constitutive du foyer fût passée au crible au fur et à mesure que la pioche la mettait à nu et la divisait. C'est à ces soins que je dois, du reste, d'avoir pu découvrir, sans le briser, le squelette humain fossile que je vais décrire, et d'avoir recueilli un assez grand nombre de pointes et de pointerolles en silex, de poinçons en os, qui, sans ce mode d'opérer, eussent été emportés dans les déblais et par suite perdus pour l'étude des objets fabriqués par l'homme préhistorique.

Depuis plus de trois mois j'étudiais le sol de la quatrième caverne, le faisant chaque jour creuser plus profondément, et par couches de 0m,25 d'épaisseur, sauf dans la partie la plus reculée où un énorme bloc de pierre avait exigé une fouille plus considérable, et j'y recueillais de nombreux objets tels que : dents, mâchoires, bois, cornes et ossements d'animaux, coquilles de mollusques et instruments en silex et en os. J'étais parvenu à une profondeur de 6m,55 au-dessous du premier niveau, lorsque, dans la journée du 26 mars dernier, je découvris pour la première fois, dans les grottes de Menton, des ossements humains fossiles, les ossements d'un pied appartenant au squelette d'un homme de l'époque paléolithique.

Ce squelette, dont le dégagement entier des cendres et des détritus de toute nature qui le recouvraient n'a pu être terminé qu'après huit jours d'un travail non interrompu, était couché sur le côté gauche, décubitus latéral gauche dans le sens longitudinal de la caverne, à 7 mètres environ de l'entrée, près de la paroi latérale droite, et dirigé du sud au nord. Son attitude était celle du repos, celle d'un homme qu'une mort subite et sans aucune agonie violente aurait surpris pendant le sommeil.

Au-devant de la bouche et des fosses nasales, à six centimètres environ de ces ouvertures, était creusé un sillon parfaitement régulier, sillon intentionnel, long de dix-huit centimètres, large de quatre centimètres et profond de trente-cinq millimètres. Ce sillon était rempli par une matière d'un gris brillant, qui n'était autre que du fer oligiste en poudre, fer que je n'ai jamais rencontré ailleurs dans ces cavernes, et par parcelles brillantes, qu'à la surface des os et des dents dudit squelette, et à la surface aussi des armes qui lui étaient accolées et des divers objets de parure qui couvraient le crâne et ornaient le membre inférieur gauche, leur donnant ainsi qu'aux ossements humains une coloration rouge-brique des plus prononcées, et un certain reflet métallique. [1]

La tête, un peu plus élevée que le reste du corps et légèrement inclinée en bas, regardait le fond de la caverne; elle reposait sur le sol par la partie latérale gauche du crâne et de la face; le maxillaire inférieur, en contact naturel et immédiat avec la mâchoire supérieure, était appuyé sur les dernières phalanges de la main gauche. La base du crâne ainsi que la région postérieure du tronc jusqu'au bassin étaient appuyées contre quelques pierres plus ou moins volumineuses, non taillées et de formes irrégulières, paraissant avoir servi de point d'appui au corps pendant le sommeil.

(1) Sur les nouveaux débris humains récemment découverts et sur les objets qui les accompagnent immédiatement, je retrouve et la même coloration rouge — peut-être même plus marquée encore — et le même aspect brillant.

Ce squelette, le premier de cette époque, de l'époque paléolithique, qui ait été trouvé, je crois, aussi entier et aussi bien conservé, est, j'oserai dire, complet. Il ne lui manque : qu'une phalange unguéale de la main droite, l'extrémité inférieure du tibia gauche et l'extrémité postérieure du calcaneum du même côté (lesquels ont été brisés par le coup de pioche qui a révélé la présence de l'homme fossile dans les cavernes des Baoussé-Roussé), la tête du péroné gauche, ainsi que quelques ossements des pieds.

Le pied droit se compose du calcaneum, de l'astragale, du scaphoïde, des trois cunéiformes, des trois premiers métatarsiens et de la première phalange du gros orteil. Le pied gauche se compose du calcaneum, de l'astragale, du scaphoïde, du cuboïde, d'un os cunéiforme et du premier métatarsien.

La mensuration aussi approximative que possible des pièces les plus importantes du squelette, que j'ai comparées aux ossements modernes d'un homme d'une taille un peu au-dessus de la moyenne, appartenant aux collections d'anthropologie du Muséum et que M. le professeur de Quatrefages a bien voulu mettre à ma disposition, m'a permis de dresser le tableau suivant :

TABLEAU DE MENSURATION

OSSEMENTS	SQUELETTE FOSSILE	SQUELETTE MODERNE
Humérus	0m 342	0m 326
Cubitus	0. 283	0. 258
Radius	0. 263	0. 240
Clavicule	0. 158	0. 148
Fémur	0. 464	0. 453
Tibia	0. 412	0. 373
Péroné	0. 390	0. 367
Calcaneum	0. 089	0. 076
Calcaneum et astragale réunis	0. 102	0. 093
Tarse	0. 138	0. 120
Premier métatarsien	0. 065	0. 057
Première phalange du gros orteil	0. 035	0. 026

Ainsi qu'on le voit ici, la longueur des ossements de cet homme fossile l'emporte notablement sur la longueur des os d'un squelette moderne, indiquant pour celui-là une taille beaucoup plus grande.

Si, suivant le procédé employé par M. le docteur Broca et relaté dans son mémoire *Sur les proportions relatives du bras, de l'avant-bras et de la clavicule chez les Nègres et les Européens* [1], je compare certaines pièces du squelette entre elles, j'obtiens les résultats suivants :

L'humérus étant représenté par 100, la longueur du radius donne 76,90 ; tandis que chez les Nègres la moyenne est pour l'homme de 79,43, pour la femme de 79,35, et pour les deux sexes de 79,39 ; chez les Européens, la moyenne est pour l'homme de 73,82, pour la femme de 74,02, et la moyenne pour les deux sexes de 73,92.

La clavicule affectant également des différences de longueur selon les races, j'ai comparé aussi cet os à l'humérus, représenté toujours par 100, et j'ai obtenu le chiffre de 46,19 ; chez les Nègres, la moyenne trouvée par le docteur Broca était de 45,89 pour l'homme, de 47,40 pour la femme, et la moyenne pour les deux sexes de 46,65 ; tandis que chez les Européens, la moyenne pour l'homme est de 44,32, pour la femme de 45,04, et la moyenne pour les deux sexes de 44,68.

Dans le squelette moderne que j'ai eu à ma disposition, le résultat de la mensuration m'a donné pour le radius 73,61 et pour la clavicule 45,39, chiffres peu différents des moyennes indiquées par le docteur Broca.

(1) Bulletin de la Société d'Anthropologie de Paris, T. III, 2e fascicule, 1862.

De ces diverses mensurations comparatives, résulte le tableau suivant :

HUMERUS REPRÉSENTÉ PAR 100

RACES HUMAINES	SEXES	RADIUS	CLAVICULE
Squelette de Menton..	Homme	76. 90	46. 19
Nègre..................	Homme	79. 43	45. 89
	Femme	79. 35	47. 40
Européen..............	Homme	73. 82	44. 32
	Femme	74. 62	45. 04
Squelette moderne du laboratoire d'Anthropologie............	Homme	73. 61	45. 39

Quant aux dimensions exactes du crâne, bien que celui-ci ait à peu près conservé sa forme, il ne m'a pas été possible de les prendre en raison des fractures au niveau de l'occipital avec chevauchement, et au niveau du frontal avec léger renversement latéral de la boite crânienne de gauche à droite et de haut en bas sur les os de la face.

Le crâne est allongé, très-dolichocéphale, bombé au sommet, moins volumineux que le crâne n° 1 (crâne de vieillard), trouvé à Cro-Magnon en Périgord en 1868, avec lequel il offre cependant le plus d'analogie; il est beaucoup moins large aussi à la région postérieure ou occipitale; le front est également un peu plus étroit; les tempes sont aplaties. Parmi les sutures du crâne, toutes soudées, seules sont apparentes la suture sagittale, le commencement de la suture lambdoïde, et la suture temporo-pariétale. La suture fronto-pariétale est cachée par la croûte ferrugineuse épaisse ou patine qui recouvre la surface du crâne[1]. Le trou pariétal est très-apparent.

L'orbite est extrêmement remarquable par sa forme rectangulaire, qui rapproche le plus le crâne auquel elle appartient du crâne n° 1 de Cro-Magnon. Cette forme se retrouve aussi sur l'un des crânes de Grenelle, le crâne du sujet mâle, mais moins prononcée[2].

Elle présente comme ceux-ci un diamètre transverse très-étendu, tandis que le diamètre vertical est fort réduit ; leur rapport est de 0^m,043 à 0^m027, ce qui donne un indice de 62,79. Sur le squelette moderne les diamètres étaient de 0^m,037 et 0^m,032, d'où un indice orbitaire de 86,48. Sur le crâne de Cro-Magnon les diamètres étaient de 0^m,044 et 0^m,027, d'où un indice orbitaire représenté par le chiffre de 61,36. Enfin sur le crâne de Grenelle nous trouvons les nombres de 0^m,042 pour le diamètre transverse, et de 0^m.031 pour le diamètre vertical ; l'indice orbitaire est ici de 73,80.

On voit donc par ces chiffres, qu'il y a similitude presque complète dans cette forme allongée des orbites chez l'homme de Cro-Magnon et chez l'homme des Baoussé-Roussé, forme qui devait donner à la physionomie un aspect singulier.

MENSURATION DES ORBITES

SQUELETTE	DIAMÈTRE TRANSVERSAL	DIAMÈTRE VERTICAL	INDICE ORBITAIRE
Moderne............	0^m 037	0^m 032	86. 48
Grenelle............	0. 042	0. 031	73. 80
Cro-Magnon.........	0. 044	0. 027	61. 36
Menton..............	0. 043	0. 027	62. 79

(1) Toutes ces indications se rapportent plus spécialement à la moitié latérale droite du crâne et de la face.

(2) Hamy. — Précis de Paléontologie humaine, p. 255.

Le bord orbitaire supérieur est mince et tranchant, moins cependant que sur le nº 1 de Cro-Magnon; de même le bord orbitaire inférieur est moins épais que sur ce dernier.

L'angle facial est beau, et doit se rapprocher du chiffre de quatre-vingt-cinq degrés.

La fosse canine du maxillaire supérieur est très-peu profonde. La face ne présente aucun prognathisme. La branche montante du maxillaire inférieur est très-peu inclinée; l'apophyse coronoïde est relativement à peine saillante, l'échancrure sygmoïde est large et peu profonde, le condyle du maxillaire est assez épais, l'angle de la mâchoire est arrondi.

Toutes les dents que la position de la tête permet de voir, c'est-à-dire celles du maxillaire supérieur droit, et celles de la moitié droite du maxillaire inférieur, existent et sans aucune carie. Elles sont extrêmement remarquables; leur surface triturante ne présente ni saillies, ni tubercules, mais est complétement rasée, parfaitement plane, sans aucune obliquité, ni d'arrière en avant, ni d'avant en arrière, non plus sur les incisives et les canines que sur les molaires, non plus sur les inférieures que sur les supérieures. L'âge du sujet, qui ne paraît pas être très-avancé, peut-il suffire à expliquer cette usure des dents? Celle-ci est-elle un caractère de race? ou bien est-elle le résultat d'une alimentation plus végétale, plus frugale qu'animale? La quantité énorme d'ossements d'animaux trouvés dans la caverne et brisés par l'homme, ossements qui ne sont pour la plupart que des débris de cuisine, paraît devoir faire repousser cette dernière supposition. Et cependant la brièveté de l'apophyse coronoïde du maxillaire inférieur devait permettre des mouvements de cet os sur les maxillaires supérieurs très-étendus.

Le crâne était orné d'une parure formée par un très-grand nombre de coquilles méditerranéennes [1] perforées de main d'homme, appartenant toutes au genre Nassa, la *Nassa* ou *Cyclonassa neritea* [2], et par vingt-deux dents canines de cerf (le *Cervus elaphus*), également perforées

(1) Leur nombre dépassait deux cents.

(2) La Cyclonassa neritea a été également trouvée dans la caverne de Bize (Hérault), par M. le professeur, Gervais « portant aussi une perforation qui a pu servir à les enfiler. » *P. Gervais. — Zool. et Paléont. générales*, p. 66.

par l'homme ; ces dernières se trouvaient principalement appliquées contre la région temporale droite ; cette parure devait être comme une véritable résille sur la tête. A Venise, dit-on, quelques femmes du peuple portent encore une coiffure exclusivement composée de coquilles enfilées, remplaçant le jais ou les perles que l'on portait naguère aussi en France.

De plus un instrument ou arme en os, long de 0m,173, était appliqué contre le crâne, en travers du front ; taillé dans un radius de cerf dont une facette articulaire est encore visible à l'extrémité la plus large, extrémité à la fois aplatie, il présente la forme d'un poignard se terminant cylindriquement par une pointe très-bien conservée. Il pourrait être comparé à une de ces grandes épingles dont les femmes se servaient, il y a quelques années, pour retenir leur chevelure.

En arrière du crâne et contre l'occipital étaient placées deux lames triangulaires en silex, toutes deux brisées à la base, à pointe à peu près intacte, et à bords accidentellement dentelés. La plus grande mesurait 0m,095 de longueur, l'autre 0m,083.

Ces lames et le poignard décrit ci-dessus devaient, par la position qu'ils affectaient sur la tête, compléter la parure du crâne.

Si je passe maintenant à la description des autres parties du squelette, je citerai la longueur des clavicules, et le peu de courbure de leurs extrémités ; la longueur de l'humérus et la non-perforation de la cavité olécrânienne ; la fracture consolidée du radius gauche au tiers inférieur de cet os avec déformation et incurvation prononcées de la portion fracturée ; fracture survenue pendant la vie ainsi que l'indique le cal osseux. J'avais primitivement considéré [1] cette fracture comme intéressant les deux os de l'avant-bras, mais après la consolidation du squelette par M. Stahl, dont le procédé conservateur est si remarquable, j'ai pu dégager plus complétement les pièces osseuses, dégagement qui m'a permis de reconnaître que le radius seul avait été atteint. Cette lésion peut aussi bien avoir été le résultat d'une chute que produite par l'ac-

(1) Comptes-rendus de l'Académie des Sciences, 29 avril 1872.

tion directe d'un corps dur, soit à la suite d'une lutte et par un projectile, soit par un choc violent.

Les membres supérieurs présentent une flexion prononcée des os de l'avant-bras sur le bras, lesquels sont ramenés vers le cou; la main droite retombe naturellement sur l'avant-bras gauche, tandis que la main gauche semble encore soutenir la tête.

Le thorax est complètement écrasé, et les côtes plus ou moins brisées, accident inévitable en raison de la compression due à la hauteur des foyers qui recouvraient le squelette. L'appendice xyphoïde du sternum a disparu. Les vertèbres cervicales sont très-bien conservées et dans leur position normale; les vertèbres dorsales sont masquées par les côtes; les lombaires sont plus ou moins écrasées. A la région lombaire est encore adhérente une astragale de cerf (le *Cervus elaphus*). Le sacrum est entier, ses surfaces articulaires ne sont plus en rapport immédiat avec les surfaces correspondantes des os iliaques, mais en sont légèrement séparées.

Les os iliaques, très-friables, ont un peu souffert et présentent quelques fractures surtout au niveau du pubis; aussi le bassin n'a-t-il pas pu être mesuré, en raison de sa déformation produite par l'attitude du corps et la compression qu'il a subie.

Les membres inférieurs à demi-fléchis s'entrecroisent légèrement et reposent l'un sur l'autre.

Les fémurs sont bien conservés, ils sont longs et forts, et présentent une courbure de torsion assez marquée, tandis que la courbure antéro-postérieure est à peu près normale. Le col est court, sa brièveté a fait croire à un écrasement; les trochanters ont un volume normal; la ligne âpre est très-accentuée, sa lèvre externe surtout est saillante. Les condyles sont forts et leur épaisseur est de 0^m,084.

Les rotules sont bien développées et sont restées accolées à l'extrémité inférieure des fémurs.

Les tibias sont massifs, et fortes sont leurs extrémités inférieures, et supérieures surtout; l'extrémité inférieure du tibia gauche, comme je l'ai dit plus haut, a disparu, brisée qu'elle a été par un coup de pioche. Leur face externe est assez fortement incurvée et creusée plus profondément qu'on ne le remarque d'habitude ; sa profondeur étant en raison directe du volume du muscle jambier antérieur, auquel elle donne attache dans toute son étendue, celui-ci devait être puissamment fort.

Ces tibias sont platycnémiques, c'est-à-dire qu'ils présentent la forme aplatie en lame de sabre, remarquée sur un certain nombre de tibias humains fossiles et principalement sur ceux qui appartiennent au squelette de Cro-Magnon [1].

Les péronés sont également volumineux ; l'extrémité inférieure qui forme la malléole externe est plus massive, plus arrondie et moins triangulaire qu'elle ne l'est ordinairement.

Les os des extrémités inférieures donnaient donc certainement attache à des muscles puissants, en rapport avec les exercices de marche auxquels devaient se livrer les peuplades dont faisait partie l'homme fossile des Baoussé-Roussé.

Au-dessus de l'extrémité supérieure du tibia et du péroné gauches, c'est-à-dire sur le vivant au niveau du jarret, j'ai recueilli 41 coquilles perforées de main d'homme ; ces coquilles, les mêmes *Nassa* ou *Cyclonassa neritea* trouvées sur la tête, devaient former un bracelet de la jambe ou jambelet.

Le pied est grand, fort et très-developpé, ce qu'indique parfaitement, dans le tableau de mensuration [2], la longueur des différentes pièces osseuses qui le composent [3], longueur d'ensemble qui donne une mesure de $0^m,24$. Le talon est haut (la hauteur la plus grande du calcaneum est de $0^m,045$), sa face postérieure est presque droite, verticale,

(1) *Hamy*. Précis de paléontologie humaine. — L'aplatissement en lame de sabre du tibia découvert par M. E. Bertrand dans une carrière de Clichy (Paris), l'aplatissement remarqué sur ceux que M. E. Martin a obtenus des alluvions de Grenelle, sur les squelettes d'Aurignac, de Gibraltar, etc., etc., atteint son maximum sur celui de Cro-Magnon.

(2) Voir page 27.

(3) Non compris les phalanges unguéales qui font défaut.

et présente à la partie moyenne comme un bourrelet formé par des rugosités d'insertions musculaires très-marquées.

En résumé l'homme fossile, auquel appartient le squelette que je viens de décrire, devait être d'une grande taille, et je crois en pouvoir fixer très-approximativement le minimum à $1^m,85$.

En plus des autres particularités d'analogie déjà signalées qu'il présente avec les squelettes découverts en 1869 dans les sablières de Grenelle, par M. Emile Martin, et les squelettes provenant de l'abri sous roche de Cro-Magnon trouvés en 1868, principalement avec les ossements du vieillard qui portent le n° 1 dans la série décrite par M. Broca, il offre encore avec ceux-ci par sa stature quelque ressemblance, et rentre ainsi dans les races de grande taille. En effet, on trouve pour l'homme de Grenelle, en appliquant à son fémur, dit M. Hamy, les règles de proportion formulées par les médecins légistes, $1^m,70$ de hauteur, et pour l'homme de Cro-Magnon une taille probablement supérieure à $1^m,80$ (1).

Il devait être dans la force de l'âge, bien que certaines épiphyses telles que la tête de l'humérus et celle du fémur paraissent incomplètement soudées au corps de l'os. Mais cette apparence du défaut de réunion des points épiphysaires avec la diaphyse est due à un léger écrasement de ces extrémités osseuses.

Ce squelette, qui n'est en quoi que ce soit comparable au squelette d'un singe, quoi qu'on en ait dit, présente dans sa conformation, ainsi qu'on le voit, des caractères contradictoires d'infériorité et d'antiquité paléolithique d'une part, tels que : une dolichocéphalie très-prononcée, une grande stature, la longueur assez considérable des radius relativement à l'humérus ($0^m,263$ — $0^m,312$), le platycnémisme des tibias ; d'autre part, des indices de supériorité tels que : un frontal qui n'est ni bas, ni fuyant, ni étroit, l'absence complète de tout prognathisme, un angle facial de près de 85 degrés, etc.

Ces caractères du squelette si contradictoires, je le répète, ne sauraient donc suffire pour fixer l'âge auquel vivait l'*Homme de Menton*, si la

(1) *Hamy*. Loc. cit. pages 253-272.

faune trouvée soit avec lui et dans son propre foyer, soit postérieurement à lui, c'est-à-dire dans des foyers également non remaniés et supérieurs, bien qu'étant les mêmes, à celui au milieu duquel il était enfoui, ne nous avait fourni les éléments de cette détermination.

V

L'étude des objets trouvés dans la quatrième caverne, et principalement des débris osseux ou dentaires, comprend donc deux parties : la première, les pièces recueillies dans le voisinage le plus immédiat de l'homme, lesquelles, en indiquant sa contemporanéité et celle de certaines espèces animales, permettent d'établir avec une grande exactitude l'époque géologique à laquelle il appartient ; la seconde, les pièces provenant des recherches que j'ai faites antérieurement à la découverte du squelette.

Dans cette étude, M. le professeur Gervais et M. le docteur Sénéchal pour les animaux, M. le professeur Deshayes pour les coquilles, ont bien voulu me prêter le plus bienveillant concours, ainsi que M. G. de Mortillet, sous-directeur du Musée de Saint-Germain-en-Laye, à qui j'ai soumis un certain nombre des instruments en silex et en os que j'ai recueillis.

PREMIÈRE PARTIE

La faune trouvée immédiatement au-dessus et au-dessous de l'homme, c'est-à-dire dans une couche de $0^m,15$ environ d'épaisseur, se compose de :

A. — MAMMIFÈRES

1° Carnassiers

Felis spelæa, le grand Chat des cavernes, deux phalanges.

Ursus spelæus, l'Ours des cavernes, une phalange incinérée.

Ursus de petite taille, qui pourrait être l'*Ursus arctos*, l'Ours commun, une phalange.

Hyæna spelæa, l'Hyène des cavernes, un coprolithe.

Canis lupus, le Loup, une phalange.

Erinaceus europæus, le Hérisson, un maxillaire inférieur dépourvu de ses dents.

2° Pachydermes

Rhinoceros, un fragment de dent molaire beaucoup trop brisé pour permettre de déterminer l'espèce à laquelle il appartient.

Equus caballus, le Cheval, une dent molaire.

Sus scrofa, le Sanglier, plusieurs dents et un fragment de défense.

3° Rongeurs

Lepus cuniculus, le Lapin, un maxillaire inférieur gauche avec ses quatre premières dents molaires.

4° Ruminants

Bos primigenius, le Bœuf primitif, deux dents molaires, trois incisives. L'extrémité supérieure d'un métacarpien. Une côte et une vertèbre.

Cervus alces, l'Elan [1], une première molaire supérieure droite.

Cervus elaphus, le Cerf commun, un maxillaire supérieur gauche contenant la série presque entière des molaires, la première dent seule fait défaut. Un fragment de maxillaire inférieur avec les trois premières molaires.

(1) L'Elan a autrefois habité nos régions, mais il n'existe plus actuellement que dans les pays du Nord.

Trois dents molaires dont une de lait. Trois dents incisives. Deux fragments de maxillaire supérieur renfermant encore une prémolaire. Un fragment de bois inciñéré. La portion supérieure d'un avant-bras gauche. Un assez grand nombre de phalanges. Deux os métatarsiens. Un os cubo-scaphoïde.

Cervus canadensis [1], un fragment de maxillaire inférieur avec deux dents molaires. Un fragment de maxillaire inférieur avec sa dernière molaire. Deux astragales. Trois métatarsiens. Deux phalanges. Une tête de fémur.

Cervus, plus petit que l'Elaphe, peut-être le *Cervus corsicanus*, le Cerf de Corse, quatre fragments de maxillaires supérieurs et inférieurs avec leurs dents molaires. Quelques dents molaires brisées.

Cervus capreolus, le Chevreuil, un fragment de maxillaire inférieur contenant les deux dernières molaires. Une dent molaire supérieure. Une rotule. Une phalange unguéale.

Capra primigenia, la Chèvre primitive, vingt-deux dents molaires. Six maxillaires inférieurs et supérieurs plus ou moins brisés. Deux astragales. L'extrémité inférieure d'un métatarsien. L'extrémité inférieure d'un radius. Un fragment d'omoplate. Un calcaneum. Cinq phalanges. Deux phalanges unguéales. Deux extrémités inférieures d'humérus.

Antilope rupicapra, le Chamois, un fragment de maxillaire inférieur présentant la 1re, la 2e et la 3e dent molaire, celle-ci avec ses trois collines, la 4e et une partie de la 5e. Un fragment de maxillaire inférieur présentant également la troisième molaire avec ses trois collines et la 4e molaire. Une astragale.

J'ai aussi recueilli auprès du squelette quelques autres ossements d'animaux brisés ou fendus par la main de l'homme, mais ils étaient trop incomplets pour pouvoir être déterminés.

Parmi les divers animaux dont je viens de faire l'énumération, quatre surtout par leur présence auprès du squelette, le grand *Felis* ou *Felis*

(1) Le *Cervus canadensis* ne diffère de l'*Elaphe* que par des dimensions supérieures. « Les débris fossilisés indiquent une race ou espèce de grande taille comparable au *Wapiti du Canada*, *Cervus strongylocerus*. »

spelæa, l'*Ursus spelæus*, l'*Hyæna spelæa* [1], le *Rhinoceros*, présence que j'avais déjà constatée dans la même caverne et à un niveau supérieur à celui où j'ai trouvé cet homme fossile, démontreraient à eux seuls et en dehors de quelques-uns de ses caractères anatomiques la haute antiquité de l'homme des Baoussé-Roussé; je crois donc pouvoir le considérer comme contemporain des espèces animales éteintes, comme appartenant certainement à l'époque paléolithique.

Quant au *Renne*, il n'existe pas dans les cavernes de Menton, il paraît également faire défaut dans toutes les autres cavernes de l'Italie. Vivait-il cependant à la même époque, mais en d'autres parties de l'Europe, principalement en France et en Angleterre, où il paraît avoir persisté plus longtemps que la plupart des autres espèces caractéristiques de cet âge? ou bien n'y est-il apparu que plus tard?

Dans la grotte d'Arcy, M. le marquis de Vibraye l'a signalé principalement dans l'assise moyenne où l'on ne trouve plus les restes de l'hyène, du grand Ours [2], etc., etc. « Dans aucun cas, dit également M. le pro-« fesseur Gervais, dans la communication qu'il fit au commencement « de cette année à la Société géologique de France [3], le renne, soit « utilisé par l'homme, soit mort à l'état sauvage et représenté alors « par des ossements intacts et non transformés en instruments, n'a « encore été signalé avec certitude parmi les fossiles préhistoriques observés « en Italie. »

« Aussi le nom d'*Epoque du Renne*, ainsi que le fait justement obser-« ver M. G. de Mortillet, ne signifie-t-il absolument rien. On ne peut l'op-« poser à ceux d'*Epoque du grand Ours* et d'*Epoque du Mammouth*, « puisque le renne a été contemporain de ces deux espèces. On ne « peut pas l'appliquer uniquement à une période des temps passés, « puisque le renne vit encore de nos jours vers le pôle Nord. Et « même, pris pour caractériser une époque déterminée de l'occupation

(1) J'avais trouvé également à un niveau supérieur, non-seulement des dents de l'*Hyæna spelæa*, dont quelques-unes ont subi l'action du feu, mais encore trois coprolithes du même animal.

(2) *E. Lartet.* — L'homme fossile dans la Haute-Garonne 1861.

(3) *Paul Gervais.* —Coup-d'œil sur les mammifères fossiles de l'Italie. (Bulletin de la Société géologique de France, 1872, deuxième série, t. XXIX.)

« des cavernes, il est insuffisant et inexact, puisque le renne, comme « nous venons de le voir, n'habitait pas toute l'Europe, puisqu'il « manquait en Italie, puisque enfin il n'existait pas sur les côtes de « la Ligurie [1]. »

B. — MOLLUSQUES

Les mollusques trouvés auprès de l'homme se composent de :

1° *Cardium tuberculatum*, quatre coquilles dont une est perforée de main d'homme;

2° *Pecten jacobæus*, six fragments de coquilles;

3° *Pecten maximus*, un seul fragment. Cette espèce ne se trouve pas dans les eaux de la Méditerranée, mais paraît provenir de l'Océan;

4° *Pectunculus glycimeris*, une coquille.

5° *Mytilus edulis*, sept coquilles dont deux sont brisées;

6° *Nassa neritea*, deux coquilles, toutes deux perforées par l'homme. Elles ne présentent pas la coloration rouge due à l'oxyde de fer, comme celles trouvées soit à la surface du crâne, soit au-dessous de l'articulation fémoro-tibiale gauche. Elles ont été recueillies toutes deux un peu au-dessus du squelette et au niveau de la région dorsale.

C. — ARMES ET INSTRUMENTS

Quant aux armes et aux instruments, soit en os, soit en silex, qui se trouvaient aussi auprès du squelette humain, ce sont :

1° Le poignard en os déjà décrit, deux poinçons également en os à pointe à peu près intacte;

2° Un grand nombre de silex taillés et des éclats, en tout plus de cent cinquante, les uns taillés sous forme de grattoirs, de pointes de lance ou de flèche, les autres en pointerolles et en lames, enfin quelques nuclei. Parmi les lames je citerai principalement celles accolées à l'occipital, que j'ai déjà indiquées en décrivant le crâne de l'homme.

(1) *G. de Mortillet.* — L'homme des cavernes. — Extrait des comptes-rendus de la Société d'Anthropologie de Paris. Séance du 4 avril 1872. — (Revue scientifique.)

Ces deux derniers instruments, ainsi que le poignard en os, les canines de cerf perforées, les *nassa neritea* du crâne et du jambelet, présentent la coloration rouge que j'ai signalée sur toutes les pièces du squelette et principalement sur la tête. Cette coloration est due au peroxyde de fer, peroxyde formé par l'hydratation du fer oligiste dont toute la surface du corps avait été recouverte après la mort, et indique une inhumation de l'homme fossile, inhumation qui eut lieu sans aucun déplacement du corps.

En effet l'attitude si naturelle du squelette démontre parfaitement que l'homme, sujet de cette étude, est mort aux lieu et place où je l'ai découvert, c'est-à-dire sur un sol formé de cendres, de charbon et de pierres calcinées, au milieu d'un véritable foyer, entouré des détritus de la vie de chaque jour. Il a dû mourir pendant son sommeil (ainsi tend à le prouver l'attitude du repos que j'ai été assez heureux pour lui conserver en le rapportant à Paris), soit qu'il se soit réfugié dans sa caverne à la suite d'une blessure, soit qu'il ait succombé à quelque maladie, mais sans agonie violente, soit enfin qu'il ait été frappé par une mort subite.

Il n'a pas été surpris dans un éboulement, car je n'en ai trouvé aucune trace, et la série de pierres contre lesquelles la région postérieure du crâne et du tronc se trouvait placée, indique une disposition intentionnelle afin de servir de point d'appui au corps pendant le sommeil.

DEUXIÈME PARTIE

Quant aux divers objets trouvés dans la quatrième caverne pendant mes recherches antérieures à la découverte du squelette humain, c'est-à-dire dans une couche d'une hauteur de 2m,50 environ, ils constituent pour les animaux une faune considérable.

Les carnassiers y sont nombreux, mais chacun d'eux n'a laissé que fort peu de débris. Parmi les pachydermes, le Sanglier et le Cheval n'ont fourni que des dents et des fragments de mâchoire, mais très-peu d'ossements, le Rhinocéros quelques dents seulement. Par contre, j'ai recueilli un nombre très-considérable d'ossements, de mâchoires, de dents et quelques bois et cornes appartenant à des animaux de l'ordre des rumi-

6

nants et principalement au *Cervus elaphus* et à la *Capra primigenia*. Chez les rongeurs, c'est le Lapin qui prédomine. Les oiseaux ont aussi fourni quelques ossements. Quant aux poissons, je n'ai trouvé encore que deux petites vertèbres, et deux supports épineux de nageoire dorsale. Les crustacés m'ont donné un seul fragment, mais impossible à déterminer.

FAUNE

A. — MAMMIFÈRES

1° Carnassiers

Ursus spelæus, Ours des cavernes, plusieurs dents et quelques rares ossements.

Ursus arctos, Ours commun, une dent canine supérieure du côté gauche et une incisive moyenne.

Hyæna spelæa, Hyène des cavernes, dents et coprolithes ; l'une des canines semble se rapprocher par une arête plus tranchante des canines du *Felis machairodus*.

Felis antiqua, ce grand *Felis* est considéré par M. le professeur P. Gervais comme étant l'analogue de la Panthère « que l'on retrouve encore en Afrique et dans l'Asie méridionale [1]. » Il est représenté dans la quatrième caverne par un fragment de maxillaire supérieur gauche contenant deux dents molaires.

Felis Spelæa, grand Chat des cavernes, quatrième dent molaire attenant encore à un fragment de maxilaire inférieur.

Felis lynx, Lynx, phalanges.

Felis catus, Chat sauvage, un fragment de maxillaire inférieur avec deux dents molaires ; un fragment d'humérus représenté par l'extrémité inférieure avec la cavité olécrânienne perforée.

Canis lupus, Loup, dents, entre autres la quatrième molaire supérieure brûlée, et quelques ossements.

Canis vulpes, Renard, mâchoires, dents et ossements.

Mustela, Belette, une mâchoire inférieure.

(1) Zool. et Paléont. générales.

2° Pachydermes

Rhinoceros tichorhinus, quelques dents, entre autres la dernière molaire parfaitement conservée d'un maxillaire supérieur.

Equus caballus, Cheval, dents nombreuses et quelques ossements; un métacarpien gauche principal a été percé d'un trou un peu au-dessus de l'extrémité inférieure pour être porté, suspendu au cou, probablement comme insigne de quelque chef ou *bâton de commandement*.

Sus scrofa, Sanglier, dents et mâchoires.

3° Rongeurs

Arctomys primigenia, Marmotte primitive, un squelette à peu près entier; quelques ossements et mâchoires séparés;

Lepus cuniculus, Lapin, un grand nombre d'ossements, de mâchoires et de dents.

Mus tectorum, Rat, mâchoires.

Mus arvalis, Mulot, mâchoires.

Mus Muscardinus, Muscardin, demi-mâchoire inférieure.

4° Ruminants

Bos primigenius, Bœuf primitif, un grand nombre de dents molaires et incisives, de fragments de mâchoire et quelques rares ossements.

Cervus alces, Elan, deux fragments de maxillaire supérieur avec leurs deux premières dents molaires; deux métacarpiens latéraux d'inégale grandeur et dont l'extrémité inférieure a été parfaitement travaillée pour en faire des poinçons.

Cervus elaphus, Cerf commun, dents, mâchoires, ossements et bois en quantité considérable. C'est, avec la *Capra primigenia*, l'espèce qui prédomine ici notablement.

Cervus canadensis, Cerf du Canada, dents, ossements, mâchoires brisées et quelques bois.

Cervus, plus petit que l'Elaphe, intermédiaire comme taille à celui-ci et au Chevreuil, probablement, d'après M. le professeur Gervais, le Cerf de Corse, *Cervus corsicanus;* il est représenté ici par un certain nombre de dents, de mâchoires et d'ossements plus ou moins brisés ou fendus par la main de l'homme.

Capra primigenia, Chèvre primitive, une très-grande quantité de débris osseux, de dents, et deux cornes, dont l'une est incinérée.

B. — OISEAUX

1° Rapaces

Falco de la taille d'un grand *Aigle;* j'ai trouvé deux phalanges unguéales et l'extrémité inférieure à demi-incinérée d'un fémur gauche.

2° Passereaux

Les passereaux sont représentés par un assez grand nombre d'ossements appartenant à un oiseau de la famille des Corvidés, très-probablement la *Pie*.

3° Gallinacés

Les gallinacés dont j'ai recueilli les ossements peuvent se diviser en gallinacés proprement dits, représentés par un oiseau de la taille d'une *Perdrix*, et en columbidés représentés par le *Pigeon*.

C. — POISSONS

Ainsi que je l'ai fait remarquer plus haut, je n'ai trouvé jusqu'à présent que deux vertèbres pouvant appartenir à un poisson de petite dimension, et deux supports épineux de nageoire dorsale provenant certainement d'un poisson de la taille d'un grand *Saumon*.

D. — CRUSTACÉS

Le seul fragment de crustacé que j'ai trouvé est beaucoup trop informe pour qu'on puisse déterminer l'animal auquel il appartenait.

E. — MOLLUSQUES

Les mollusques recueillis dans la quatrième caverne sont en quantité considérable et forment un grand nombre d'espèces.

Ils devaient servir pour la plupart à la nourriture de l'homme.

Ils se divisent en mollusques marins et mollusques terrestres.

Parmi les premiers, quelques coquilles ont été perforées par l'homme pour être très-probablement portées comme objets de parure ; ce sont : la *patella cœrulea*, la *patella vulgata*, le *pectunculus glycimeris*, le *pecten jacobæus*, le *cardium edule*, le *trochus jussieui*, le *trochus erythroleucus*, le *cerithium vulgatum*, la *turritella communis*, la *natica maculata*, la *nassa mutabilis*, la *nassa neritea*, la *nassa reticulata*, la *nassa gibbosa*, la *nassa incrassata*, le *cassis sulcata*, le *conus mediterraneus*, le *buccinum corniculum*, la *cyprœa spurca*, la *cyprœa coccinella*.

Du reste les coquilles perforées artificiellement ont été assez souvent trouvées déjà dans les cavernes occupées autrefois par l'homme, mais je ne sache pas qu'elles aient encore été recueillies en aussi grande quantité que dans les cavernes de Menton soit comme espèces, soit comme nombre. Celles d'entre elles qui ont été jusqu'alors le plus fréquemment trouvées perforées appartiennent aux genres *natica*, *nassa*, *turbo*, *cyprœa*, et *pecten*.

Dans la récente découverte d'un squelette humain sous les abris de Laugerie-Basse, découverte qui fut faite au mois de mars de l'an dernier par MM. Massénat, Lalande et Cartailhac, il fut également trouvé une vingtaine de coquilles « appartenant à deux espèces différentes, les deux « plus grosses porcelaines de la Méditerranée, la *cyprœa pyrum* de Gmelin « ou *cyprœa rufa* de Lamark, et *la cyprœa lurida* de Linné. Elles étaient « percées par une entaille et devaient orner un vêtement [1]. »

Quelques coquilles présentent cette particularité qu'elles sont des coquilles de l'Océan, et n'ont jamais été trouvées dans la Méditerranée,

(1) *E. Massénat, Ph. Lalande et Cartailhac*. — Découverte d'un squelette humain de l'âge du renne à Laugerie-Basse (Dordogne). Comptes-rendus de l'Académie des sciences, séance du 15 avril 1872.

telles que le *Pecten maximus*, dont j'ai recueilli deux fragments, et le *Cerithium cornucopiæ*, déterminé par M. le professeur Deshayes comme provenant des environs de Valognes. Comment ces coquilles sont-elles arrivées jusque dans les cavernes des Baoussé-Roussé, en Italie, au bord de la Méditerranée ? Serait-ce le résultat d'échanges commerciaux entre diverses peuplades habitant à cette époque certaines parties de la France et de l'Italie ? Serait-ce le résultat d'émigrations ou de voyages ?

Ce fait n'est pas isolé et s'est aussi produit lors de la découverte de Laugerie-Basse, dont les coquilles sont d'origine méditerranéenne ; et « dans la sépulture de Cro-Magnon [1], les nombreuses *Littorina littorea* « de Linné, qui y furent recueillies, proviennent des côtes de l'Océan et « font complètement défaut dans la Méditerranée. »

« Les habitants primitifs des cavernes des bords de la Vézère avaient « donc des relations à la fois avec les côtes de la Méditerranée et les côtes « Océaniennes de l'ouest de la France [2]. »

Les mollusques, dont j'ai recueilli les coquilles entières ou brisées, se composent des espèces suivantes, marines d'abord, terrestres ensuite, toutes déterminées avec le concours bienveillant de M. le professeur Deshayes :

1° Coquilles Marines

Pecten jacobæus.	Cardium rusticum.
— maximus.	— edule.
Pectunculus glycimeris.	Dentalium rectum.
Mytilus edulis.	— tarentinum.
Patella ferruginea.	— novemcostatum.
— safiana.	Turbo rugosus.
— ulyssiponensis.	Trochus turbinatus.
— cærulea.	— tessellatus.
— vulgata.	— jussieui.
— lusitanica.	— richardi.
Haliotis lamellosa.	— erythroleucus.

(1) Les stations de Laugerie-Basse et de Cro-Magnon appartiennent toutes deux à la commune de Tayac (Dordogne).

(2) *G. de Mortillet*, l'homme des cavernes, Revue scientifique, 2e série, 1re année, n° 45.

Coquilles Marines (Suite)

Chenopus pespelecani.	Natica maculata.
Turbinella liguaria.	Nassa neritea.
Columbella rustica.	— mutabilis.
Cerithium vulgatum.	— reticulata.
— reticulatum.	— gibbosa.
— fuscatum.	— incrassata.
Scalaria communis.	Buccinum corniculum.
Turritella communis.	Cyprea spurca.
Cassidaria echinophora.	— pyrum.
Cassis sulcata.	— coccinella.
— saburon.	Mitre.... (sa columelle).
Littorina littoralis.	Purpura lapillus.
Fusus....?	Nummulites perforata.
Conus mediterraneus.	Cerithium cornucopiæ.
Natica....?	Pleurotoma unditiruga.
— nitida.	Polypier....?

2° Coquilles Terrestres

Cyclostoma sulcatum.	Helix rufescens.
Helix vermiculata.	— conspurcata.
— aspersa.	— niciensis.
— candidissima.	Bulimus decollatus.
— cespitum.	Pupa similis.
— elegans.	— quadridens.

ARMES ET INSTRUMENTS

Les armes et les instruments trouvés dans la quatrième caverne sont, les uns en os et en bois de cerf, les autres en pierre.

1. — Les premiers sont relativement peu nombreux, à moins que l'on ne veuille considérer comme instruments tous les ossements brisés ou fendus par la main de l'homme qui présentent une extrémité effilée et terminée en pointe.

Je n'ai sur aucun d'eux trouvé jusqu'à présent la moindre trace de dessin ou de gravure. Seul un fragment osseux indéterminable, fendu dans le sens longitudinal, long d'un peu plus de 0m,06 et brisé aux deux extrémités, présente deux séries de trois traits transversaux et parallèles, séparées l'une de l'autre par un intervalle de $0^m,019$. Ces raies ne semblent pas, en raison de leur profondeur, de leur petit nombre, et de leur régularité, devoir être un signe quelconque de numération ; mais je croirais bien plutôt qu'elles étaient une marque particulière de l'objet — arme ou instrument, — un signe distinctif de l'homme, peut-être d'un chef, auquel il appartenait en propre.

De plus et tout récemment j'ai trouvé dans la sixième caverne, à $3^m,10$ de profondeur, un autre ossement gravé de traits fort curieux. Cet os, fragment d'une côte d'un bœuf, long de 11 centimètres et demi, plat et mince, légèrement incurvé, large de $0^m,022$ à l'une de ses extrémités, arrondi et terminé en pointe mousse d'autre part, porte sur ses deux faces des raies transversales superficielles, au nombre de 98 sur sa face concave, au nombre de 34 sur sa face convexe. Ces raies, assez régulièrement espacées, sont séparées les unes des autres, sur chaque face, par un intervalle d'un peu moins d'un millimètre ; elle sont contenues entre deux lignes obliques ondulées et distantes parfois de cinq millimètres ; ces deux lignes sur la face concave de l'os se rencontrent d'une part à un centimètre environ de l'extrémité arrondie, de l'autre elles sont coupées brusquement à $0^m,012$ de l'extrémité la plus large par une entaille plus profonde — entaille occupant toute la largeur de la côte — et par une série de traits irrégulièrement entrecroisés. Sur la face convexe, les deux lignes, longues seulement de $0^m,05$ se rencontrent à angle aigu, et cessent tout-à-coup comme par effacement. — Ces traits me paraissent pouvoir être considérés comme de véritables signes de numération.

Une lame en bois de renne, trouvée en 1860 par M. Ed. Lartet dans la grotte funéraire d'Aurignac, « présente également sur l'une de « ses faces planes de nombreuses raies transversales, également distan- « cées, avec une lacune d'interruption, » lacune semblable à celle que j'ai indiquée dans le fragment osseux ci-dessus décrit, « qui les divise en « deux séries [1]. » D'après M. Lartet ces raies sembleraient être « des

(1) *Ed. Lartet.* — Nouvelles recherches sur la coexistence de l'homme et des grands mammifères fossiles réputés caractéristiques de la dernière période géologique. I. Station et sépulture d'Aurignac.

« signes de numération, exprimant des valeurs diverses ou s'appliquant « à des objets distincts ; M. Steinhauer fait de ce curieux objet une « *marque de chasse* [1]. »

Les instruments en os que j'ai recueillis peuvent se diviser en :

1° *Flèches*. — Généralement mal taillées et plus ébauchées que finies, plus ou moins entières, et de formes assez différentes ; leur nombre est très-limité.

2° *Poinçons*. — Ceux-ci sont fort beaux pour la plupart, ils sont aussi les plus nombreux ; quelques-uns sont cylindriques dans toute leur longueur, d'autres ont une extrémité aplatie, tandis que l'extrémité opposée est cylindrique et pointue ; l'un d'eux, long de 0m,05 environ forme un double poinçon, c'est-à-dire que large à la partie moyenne, il se termine des deux côtés par une extrémité effilée et pointue. D'autres enfin ne sont que des fragments d'os fendus en long et dont la pointe a été usée et polie par le frottement. Un poinçon fabriqué dans un andouiller de cerf est très-grossièrement taillé, sa pointe est mousse, il a 0m,16 de longueur. Deux autres poinçons en os ont été taillés dans des métacarpiens latéraux du *Cervus alces* ou Élan. Leur extrémité supérieure articulaire forme manche, ils sont entiers et parfaitement conservés ; le plus grand mesure 0m,112 de longueur, il est parfaitement apointi ; il a été coupé dans les 2/5 supérieurs de l'os ; je l'ai trouvé à 6m,35 de profondeur. Le second, de même forme que le premier, ne s'en distingue absolument que par sa longueur beaucoup moindre, laquelle n'est plus que de 0m,072. Le métacarpien qui a servi à sa fabrication semble avoir subi un arrêt de développement dans le sens longitudinal ; il a été trouvé à 5m,20 de profondeur.

3° *Aiguilles*. — Aucune d'elles n'est entière, aucune n'a son chas, l'extrémité la plus large est brisée, la pointe seule en est intacte et des mieux acérées.

4° *Ciseaux*. — Le ciseau est un os parfaitement cylindrique dans toute son étendue, mais d'un cylindre plus volumineux que celui du

(1) *Hamy*. — Loc. cit. p. 250.

poinçon, et qui se termine en se rétrécissant un peu, et en s'aplatissant en forme de lame épaisse et arrondie.

5° *Lissoir.* — Cet instrument, considéré comme ayant pu servir à aplatir les coutures faites aux peaux de bête, a été fabriqué avec un andouiller de cerf, dont la pointe seule a été travaillée de façon à offrir une surface plane d'un côté et large de près d'un centimètre, une surface arrondie de l'autre, le reste de l'andouiller conservant sa forme naturelle.

6° *Bâton de commandement.* — Celui-ci, dont j'ai déjà dit quelques mots en énumérant les divers pachydermes trouvés dans la quatrième caverne [1], n'est autre qu'un métacarpien principal gauche, appartenant à l'*Equus caballus*, au cheval; il a été perforé par la main de l'homme un peu au-dessus des surfaces articulaires qui forment poulie. Il devait être porté suspendu au cou comme insigne. Il est entier et intact; sa longueur est de $0^m,21$, la circonférence externe du trou présente un diamètre de $0^m,031$ d'un côté et de $0^m,034$ de l'autre, la circonférence interne la plus petite a un diamètre de $0^m,018$. Cette perforation est irrégulièrement circulaire. — J'ai trouvé ce bâton à $6^m,40$ de profondeur, c'est-à-dire à $0^m,15$ environ au-dessus du squelette de l'homme fossile, au milieu d'ossements de toute nature, de cendres et de charbon; il ne porte aucun dessin, ni gravure ni entaille.

B. — Les armes et les instruments en pierre, de beaucoup les plus nombreux, ne se comptent plus par centaines mais par milliers, si l'on veut y comprendre les nuclei et les éclats choisis parmi les plus intéressants. Ils sont généralement bien conservés et souvent entiers; la forme qui prédomine est celle en grattoir ou racloir; les nuances en sont des plus variées, indiquant des différences d'origine, silex des poudingues [2], silex de la craie, silex agates [3], etc.

(1) Voir page 43.

(2) Les poudingues à silex les plus voisins de Menton se rencontrent à 4 kilomètres environ des cavernes en remontant le ravin de Saint-Louis ou vallon des Ciotti.

(3) Les silex agates doivent provenir d'une localité des environs de Fréjus, de Grasse, localité la plus rapprochée qui les ait pu fournir, bien qu'elle soit encore à une distance de Menton d'au moins 95 kilomètres. — (Voir page 8, note 2.)

« Dans le choix des matériaux destinés à la fabrication des armes et « des outils, l'ouvrier des temps primitifs a donné la préférence non-seu« lement aux pierres les plus propres à son travail par leur ténacité et « leur dureté, mais aussi à celles qui frappaient son regard par la dispo« sition et l'éclat des couleurs. En effet, on observe dans la collection des « pierres travaillées de Menton, des jaspes aux couleurs vives, rouges, « vertes ou jaunes, des cornalines diaphanes du plus bel effet et d'autres « variétés de silex non moins remarquables [1]. »

A très-peu d'exceptions près, les instruments en silex trouvés dans les cavernes des Baoussé-Roussé sont de petite taille, les silex d'origine étant également très-petits; les plus grands atteignent la dimension exceptionnelle de 9 à 10 centimètres de longueur. Ils sont assez généralement grossièrement taillés et remontent à l'époque de la pierre la plus anciennement connue, l'époque, comme le dit M. G. de Mortillet dans son *Essai de classification* [2], où les instruments en os sont rares, et où par contre les instruments en silex prédominent considérablement; en un mot, l'époque de la faune la plus ancienne. Quelques-uns de ces instruments, des grattoirs et des pointerolles, sont plus finement retouchés sur les bords.

Les armes et les instruments en silex que j'ai recueillis peuvent se diviser en *grattoirs* ou *racloirs*; en *poinçons*, les formes en sont assez variées; en *pointes de flèche* ou *de lance*, présentant deux types différents, le type du Moustiers [3] caractérisé par une taille en amande ou en langue de chat, et le type de Solutré [4] : ici l'instrument est retaillé sur ses deux faces; en *pointerolles* très-effilées et assez bien finies, retaillées sur leurs bords et aux deux extrémités; enfin en *disques* et en *lames de couteau*, assez rares et plus grossièrement taillés, et en *percuteurs* ou marteaux.

(1) *Issel*, loc. cit.

(2) *G. de Mortillet*, Essai d'une classification des cavernes et des stations sous abri, fondée sur les produits de l'industrie humaine. 1869.

(3) Du nom de la grotte située dans la commune de Peyzac, en Dordogne.

(4) Du nom de la station préhistorique située près de Mâcon (Saône-et-Loire).

J'ai trouvé aussi dans cette même caverne et à $1^m,80$ de profondeur au-dessous du niveau auquel j'ai commencé mes fouilles, un galet roulé en *serpentine*, long de $0^m,18$, ovoïde, parfaitement arrondi, et dont les deux extrémités ont dû servir alternativement de pilon pour broyer diverses substances, et entre autres de la poudre de fer oligiste analogue à celle que j'ai recueillie auprès du squelette; en effet il a conservé, à l'une de ses extrémités principalement, une teinte rouge due à l'oxyde de fer qui s'est logé dans les érosions de la pierre produites par l'action du broiement. J'ai trouvé également un autre galet entier, plus plat, de forme moins ovoïde, et que M. le professeur Daubrée a reconnu pour être de la *jadéite;* il portait aussi des traces de chocs en divers endroits, tenant peut-être à ce qu'il aurait servi de percuteur [1].

Quant aux objets en terre cuite, je n'ai découvert jusqu'à présent qu'un seul spécimen; c'est un fragment de disque brisé et percé d'un trou; sa couleur est d'un noir très-foncé, sa forme est aplatie et circulaire; la distance qui sépare le cercle intérieur du cercle extérieur donne un rayon de $0^m,033$ de longueur; son épaisseur est de $0,^m005$ à $0,^m006$. Il a été trouvé à la partie supérieure de la caverne auprès du four à chaux et dès le commencement de mes fouilles.

(1) Les instruments en jadéite recueillis jusqu'à présent en France sont assez rares; il en est de même en Allemagne et en Suisse où ils sont également en très-petit nombre, de faibles dimensions, et taillés avec beaucoup de soin; par contre ils sont, d'après M. Capellini, en très-grande abondance en Italie. Ce sont généralement des haches polies. D'aucuns, parmi les savants qui s'occupent des questions d'archéologie et d'anthropologie préhistoriques, et notamment M. le professeur de Quatrefages et M. Desor, pensent que la jadéite a été introduite en Europe soit par la voie d'échanges commerciaux, soit par l'émigration des peuples de l'Orient vers nos pays; d'autres au contraire, et parmi eux M. G. de Mortillet, penchent plutôt pour l'hypothèse d'une origine locale ou peu éloignée, bien que les gisements locaux n'aient pas encore été trouvés. Mais la question n'a pas été élucidée, malgré les savantes discussions auxquelles elle a donné lieu dernièrement au congrès de Bruxelles. (*Cazalis de Fondouce.* — Comptes-rendus du Congrès international d'anthropologie et d'archéologie préhistoriques de Bruxelles. Session de 1872.)

VI

Les ossements d'animaux trouvés dans les cavernes des Baoussé-Roussé doivent, pour être étudiés, se diviser en os longs, en os larges et en os courts.

Tous les os longs, à l'exception d'un seul, le métacarpien principal de cheval qui fut conservé intact pour être perforé et servir ainsi d'insigne à celui auquel il était échu, sont brisés en trois fragments, deux fragments épiphysaires et un diaphysaire.

La diaphyse est constamment fendue en long, — cinq seulement font exception à cette règle sur plus de dix mille exemplaires, — pour l'extraction de la moelle; celle-ci en effet servait à l'homme soit pour sa nourriture, soit pour s'oindre le corps et par là donner plus de souplesse à ses muscles. Les fragments osseux ainsi fracturés par la main de l'homme étaient plus ou moins travaillés selon l'usage auquel ils étaient destinés; les uns apointis pour en faire des flèches, des pointes, des poinçons ou des aiguilles; les autres arrondis et amincis à l'une de leurs extrémités pour servir de ciseau, de lissoir, etc. Mais tous ces ossements, sauf un très-petit nombre, à peine un sur quatre ou cinq cents, sont très-grossièrement taillés.

Quant aux épiphyses, elles devaient le plus généralement être rejetées, et ne pouvaient en raison de leur brièveté être d'aucun usage facile. En effet, à moins d'avoir conservé une certaine longueur de la diaphyse, comme dans le poignard en os trouvé accolé au front du squelette humain, comme dans les deux métacarpiens latéraux du *Cervus alces* dont on avait fait des poinçons, il devenait à peu près impossible de s'en servir, les surfaces articulaires ne pouvant être non plus d'aucune utilité.

Un certain nombre d'épiphyses étaient détachées du corps de l'os, l'animal, auquel elles avaient appartenu, ayant été tué avant l'âge auquel elles se soudent à la diaphyse.

Quant aux phalanges, quelques-unes sont entières, la proportion est d'environ une sur vingt, les autres sont ou fendues dans toute leur longueur, ce qui est rare, ou brisées irrégulièrement, ce qui est le plus ordinaire.

Les os larges sont plus irrégulièrement divisés par l'homme; du reste ici aucune moelle pour ainsi dire à extraire, mais seulement des esquilles osseuses à obtenir par la fracture, esquilles avec lesquelles on ne pouvait fabriquer que peu d'instruments ou d'armes.

Les os courts, sauf les vertèbres, sont généralement entiers; ainsi les rotules, les os du carpe, les calcaneum, les astragales et les autres os du tarse. Les vertèbres sont très-exceptionnellement entières.

Tout ce que je viens de dire ici relativement aux ossements longs, larges ou courts, s'applique aux ruminants et aux pachydermes.

Les carnassiers, comme je l'ai indiqué plus haut, n'ont laissé que des débris osseux extrêmement rares; les phalanges sont entières, les mâchoires sont brisées sans aucune exception, enfin les autres ossements sont très-irrégulièrement cassés.

Les os de rongeurs et les os d'oiseaux sont entiers ou fracturés sans que l'on puisse établir aucune loi à ce sujet. Chez les premiers, les maxillaires inférieurs sont assez bien conservés, les supérieurs sont toujours brisés.

Les cornes de chèvre et les bois de cerf ne sont jamais entiers, et les fragments en sont de dimensions très-variables. Quelques andouillers ont été travaillés pour servir d'instruments.

Les mâchoires supérieures ou inférieures des ruminants et des pachydermes ne sont jamais entières, mais toutes sans exception sont brisées, les inférieures généralement au niveau de l'angle du maxillaire ou de sa branche montante, les supérieures près du bord postérieur de l'os. Leurs dents sont les plus nombreuses de toutes. Mais je n'ai jamais trouvé un seul maxillaire supérieur ou inférieur de bœuf, de cerf, de chèvre, ayant conservé ses incisives, tandis que par contre les molaires sont fréquemment restées dans leurs alvéoles. Les incisives de même que les canines de cerf sont toujours çà et là dans le sol du foyer.

Les canines de l'Elaphe sont les seules qui aient été perforées par l'homme pour être portées comme objets de parure.

Parmi les dents appartenant aux animaux de l'ordre des Carnassiers, les unes sont entières, les autres sont brisées, mais aucune n'a été travaillée par l'homme.

En général ossements, bois, et dents surtout, ont rarement subi l'action du feu ; et les os incinérés que j'ai recueillis ne sont pas dans la proportion de un sur deux cents, malgré les traces si nombreuses de matières charbonneuses et de cendres ; mais je ne voudrais pas en conclure cependant que les peuplades qui habitaient les cavernes des Baoussé-Roussé se nourrissaient plus de chairs crues que de viandes cuites, car ces cendres elles-mêmes devaient être autant le résultat de l'incinération des os et de leur destruction par le feu que du bois brûlé pour les diverses nécessités de la vie.

VII

Avant de terminer cette étude, je crois devoir donner ici le résultat des diverses analyses chimiques, que M. Terreil, aide-naturaliste de chimie inorganique au Muséum d'histoire naturelle de Paris, a bien voulu faire, ainsi que le résultat de quelques recherches microscopiques faites avec le bienveillant concours de M. Gérardin, docteur ès-sciences et professeur agrégé de l'Université.

ANALYSE D'UN OSSEMENT HUMAIN

(Phalange du pied)

Cet os, débarrassé de sa partie extérieure ainsi que du dépôt de carbonate de chaux cristallisé qui s'était formé dans le tube interne, a pour composition :

Phosphate de chaux	56,76
Phosphate de magnésie	1,71
Carbonate de chaux	25,00
Peroxyde de fer	0,06
Silice	traces.
Matière organique azotée	4,07
Eau	11,68
TOTAL	99,28

PARTIE SPONGIEUSE INTERNE DU CALCANEUM

Cette partie spongieuse du *Calcaneum* est entièrement recouverte de carbonate de chaux cristallisé d'une teinte ocreuse; on aperçoit par partie des espaces remplis d'une matière siliceuse très-blanche, mais non cristalline; cette matière se retrouve dans l'analyse, dans la partie insoluble, dans les acides, et après calcination elle semble avoir éprouvé une demi-fusion. Cette partie d'os, comme l'os précédent, dégage lorsqu'on la calcine l'odeur des matières organiques azotées, et le papier de tournesol rouge bleuit fortement dans les vapeurs qui se dégagent.

L'analyse lui assigne la composition suivante :

Phosphate de chaux	17,12
Phosphate de magnésie	0,60
Carbonate de chaux	64,33
Silice et argile ferrugineuse	8,31
Matière organique azotée	2,49
Eau	6,37
TOTAL	99,22

MATIÈRE FERRUGINEUSE TROUVÉE DANS UN SILLON AU-DEVANT DE LA BOUCHE ET DES FOSSES NASALES

Cette matière se compose de fer oligiste sous forme spéculaire, mélangé à de l'argile, à du carbonate de chaux et à des traces de phosphate de chaux. De plus, lorsqu'on calcine cette substance, elle dégage des vapeurs fortement ammoniacales qui indiquent la présence d'une matière organique azotée ou d'un sel ammoniacal.

PATINE RECOUVRANT LE CRANE

Cette matière d'un rouge ocreux devient noire lorsqu'on la calcine; elle dégage en même temps beaucoup d'eau et des matières ammoniacales, indices de la présence de matières organiques azotées; elle est formée d'argile très-ferrugineuse, de carbonate de chaux et de traces de phosphate terreux.

TERRE TROUVÉE A CINQ CENTIMÈTRES AU-DESSOUS DE LA TÊTE

Cette matière d'apparence calcaire est formée de carbonate et de phosphate de chaux, d'argile ferrugineuse et de matière organique azotée, elle est très-hydratée.

EXAMEN AU MICROSCOPE

L'examen au microscope d'un certain nombre d'échantillons de terre recueillis soit au contact du squelette humain, soit en divers autres endroits de la quatrième caverne, examen que M. le professeur Gérardin a bien voulu m'aider à faire, m'a donné les résultats suivants :

La terre de la caverne renferme une grande quantité d'os pulvérisés et quelques débris d'insectes.

Dans les échantillons recueillis au contact du crâne, à la base du crâne et à la région cervicale on observe des fibres végétales semblant provenir de radicelles. Je rappellerai à ce sujet ce que j'ai déjà dit au commencement de cette étude, à savoir qu'il existait autrefois à l'entrée de la quatrième caverne un grand caroubier dont les racines devaient plonger à une grande profondeur.

Les échantillons pris contre la région dorsale et le bassin présentent des parcelles d'épiderme en quantité notable. Celui pris au niveau de la région dorsale renferme en plus de nombreux fragments de poils. Ces poils ont un diamètre égal au quart ou au cinquième d'un cheveu. Ces fragments d'épiderme et de poils diffèrent de l'épiderme et des poils humains récents ; on ne peut les attribuer qu'à quelque peau de bête étendue sur le foyer sur lequel l'homme fossile des Baoussé-Roussé aurait succombé ou qui lui aurait servi de vêtement.

FIN

INDEX ALPHABÉTIQUE

DES

NOMS D'AUTEURS CITÉS DANS CETTE ÉTUDE

B

Beaumont (Élie de) 15
Bennet (H.) 13
Bertrand (E.) 34
Bonfils 13
Boutin 16
Broca 13, 28, 35

C

Capellini 52
Carlone 15
Cartailhac 45
Cazalis de Fondouce 52
Cessole (de) 15
Chantre (E.) 7
Costa de Beauregard (Cte) 13

D

Daubrée 52
Deshayes 36, 46
Desor 52
Dufrénoy 15

F

Forel (F.) 8, 9, 10, 11, 13, 15
Fournet 7

G

Gaudry (A.) 22
Gény 11, 12
Gérardin 56, 57
Gervais 9, 22, 31, 36
.... 39, 42, 43
Grand (A.) 7, 8

H

Hamy 30, 34, 35, 49

I

Issel 11, 51

L

Lalande (Ph.) 45
Lartet (E.) 39, 48

M

Martin (E.) 34, 35
Massénat (E.) 45
Moggridge 13
Mortillet (de) 36, 39, 40, 46, 51, 52

P

Perès 11, 12
Peutinger 15
Pictet 22

Q

Quatrefages (de)..................... 52

R

Rossi (G.)..................... 8
Rütimeyer..................... 9

S

Sénéchal..................... 17, 36
Serres (Marcel de)..................... 9
Smyers..................... 13
Steinhauer..................... 49

T

Terroil..................... 55

V

Valcourt (de)..................... 8
Vibraye (de)..................... 39

INDEX BIBLIOGRAPHIQUE

Académie des Sciences. — Comptes-rendus, années 1864-1872.

Beaumont (Élie de) et Dufrénoy. — Carte géologique de France, Paris 1841-1866.

H. Bennet. — Winter and spring on the shores of the Mediterranean. 4e édition. — London 1870.

E. Bertrand. — Crâne et ossements trouvés dans une carrière de l'avenue de Clichy. — Paris 1868.

S. Bonfils et L. Severs. — Recherches sur les outils en silex des Troglodytes et sur la manière dont ils les fabriquaient. — Nice 1872.

Boutin. — Notice sur les grottes des environs de Ganges (Hérault). — Montpellier 1865.

Broca. — Sur les proportions relatives du bras, de l'avant-bras et de la clavicule chez les nègres et les européens. — Paris 1862.

Bulletins de la Société d'anthropologie de Paris. — Années 1862-1872.

A. Carlone. — Vestiges épigraphiques de la domination gréco-massaliote et de la domination romaine dans les Alpes-Maritimes. — Caen 1868.

Cazalis de Fondouce. — Comptes-rendus du Congrès international d'anthropologie et d'archéologie préhistoriques de Bruxelles. — 1872.

Cessole (comte de). — Notice sur la Turbie, monument des trophées d'Auguste, et sur la voie Julia Augusta. — Nice 1843.

E. Chantre. — Études paléoethnologiques ou Recherches géologico-archéologiques sur l'industrie et les mœurs de l'homme des temps antéhistoriques dans le nord du Dauphiné et des environs de Lyon. — Paris 1867.

F. Forel. — Notice sur les instruments en silex et les ossements trouvés en 1858 dans les grottes de Menton. 2e édition. — Menton 1860.

Fournet. — Du mineur, son rôle et son influence sur les progrès de la civilisation d'après les données actuelles de l'archéologie et de la géologie. — Lyon 1862.

P. Gervais. — Zoologie et paléontologie générales. Nouvelles recherches sur les animaux vertébrés vivants et fossiles. — Paris 1867-1869.

P. Gervais. — Note sur la grotte de Laroque (Hérault). — 1864.

P. Gervais. — Coup-d'oeil sur les mammifères fossiles de l'Italie ; extraits des bulletins de la Société géologique de France. — 1872.

T. Hamy. — Précis de paléontologie humaine. — Paris 1870.

A. Issel. — Résumé des recherches concernant l'ancienneté de l'homme en Ligurie ; extrait des comptes-rendus du Congrès d'anthropologie et d'archéologie préhistoriques de Paris. — 1867.

Lartet (Edouard). — Nouvelles recherches sur la coexistence de l'homme et des grands mammifères fossiles réputés caractéristiques de la dernière période géologique. Station et sépulture d'Aurignac. — 1861.

Lartet (Edouard). — L'homme fossile dans la Haute-Garonne. — 1861.

Massénat, Lalande et Cartailhac. — Découverte d'un Squelette humain de l'âge du renne à Laugerie-Basse (Dordogne). — 1872.

Mortillet (G. de). — Essai d'une classification des cavernes et des stations sous abri, fondée sur les produits de l'industrie humaine. — 1869.

Mortillet (G. de). — L'homme des cavernes ; extraits de la Revue scientifique. — 1872.

Pictet. — Traité de paléontologie ou Histoire naturelle des animaux fossiles considérés dans leurs rapports zoologiques et géologiques, 2e édition. — Paris 1853.

Revue scientifique (la) de la France et de l'étranger. — Année 1872.

Serres (Marcel de). — Notice sur les cavernes à ossements du département de l'Aude. — Montpellier 1839.

Valcourt (Th. de). — Cannes et son climat, 2e édition. — Paris 1869.

Nice. — Typ. V.-Eugène Gauthier et Cie, descente de la Caserne, 1.

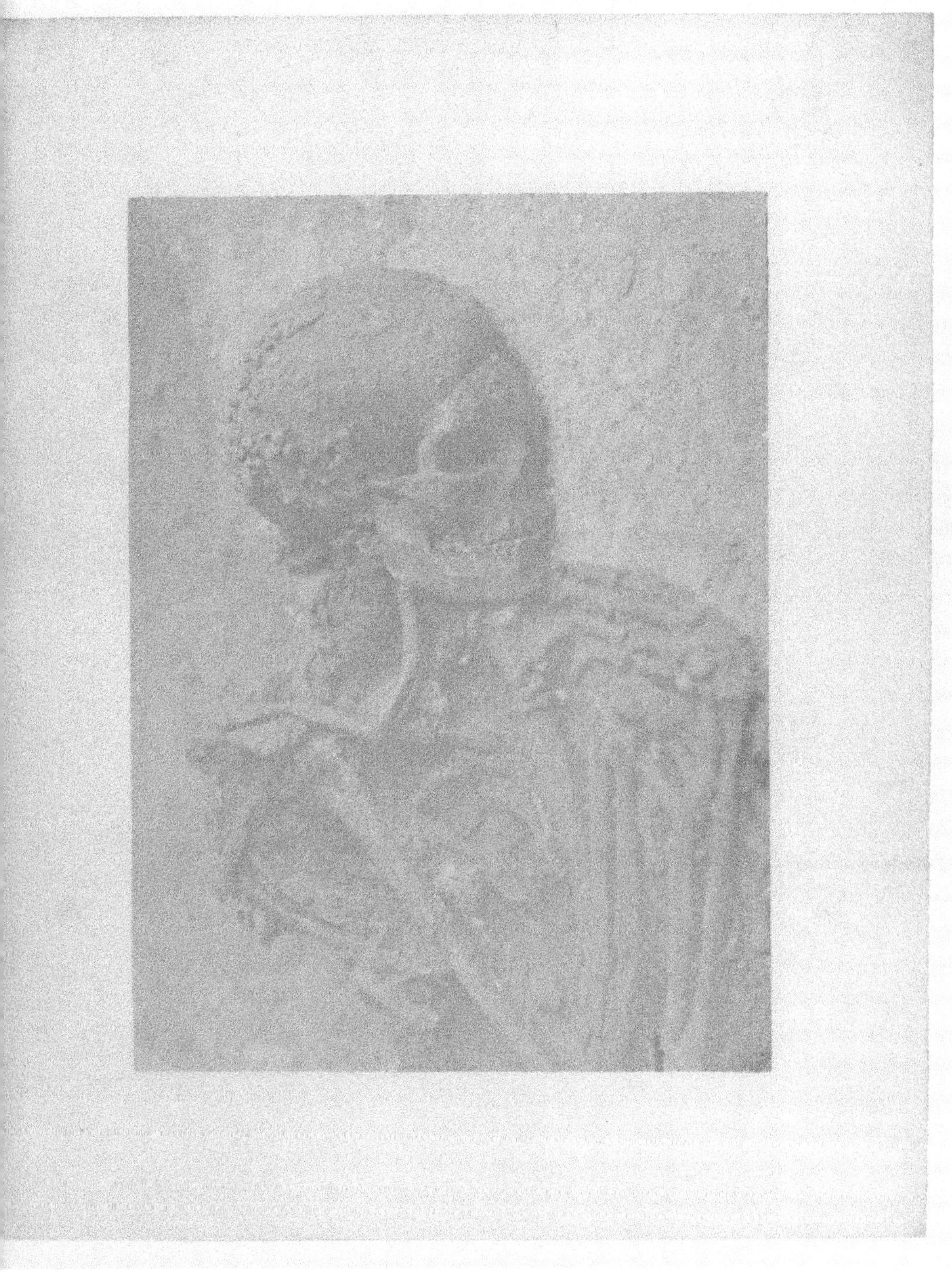

www.ingramcontent.com/pod-product-compliance
Ingram Content Group UK Ltd.
Pitfield, Milton Keynes, MK11 3LW, UK
UKHW022126260726
13993UKWH00003B/1265

9 782329 236889